JN411685

일하면서 바로 써먹는
아웃풋×성과 도감

Original Japanese title: MANABI WO KEKKA NIKAERU OUTPUT TAIZEN

by Shion Kabasawa

Original Japanese edition published by Sanctuary Publishing Inc.
Korean translation rights arranged with Sanctuary Publishing Inc.
through The English Agency (Japan) Ltd. and Danny Hong Agency

일하면서 바로 써먹는 아웃풋×성과 도감

가바사와 시온 지음 | 전경아 옮김

적게 일하고 더 많이 성과 내는
뇌과학 기반 80가지 작은 습관

현대
지성

추천의 글

많은 사람이 불안한 마음에 끊임없이 콘텐츠를 소비하고 무언가를 배우고 있지만 막상 현실은 크게 달라지지 않아서 무력감을 느끼곤 한다. 『일하면서 바로 써먹는 아웃풋×성과 도감』은 그 원인을 명쾌하게 짚어낸다. 문제는 인풋의 양이 아니라 배운 것을 현실에서 써먹지 못하는 아웃풋의 부재에 있다는 것이다.

이 책은 단순한 동기부여에 그치는 흔한 자기계발서가 아니다. 뇌과학적 근거를 바탕으로 머릿속에 담은 지식을 어떻게 실천으로 옮기고 성과로 전환할 수 있는지 구체적으로 설명한다. 말하기, 쓰기, 행동하기라는 명확한 세 가지 카테고리로 분류되는 80개의 구체적인 솔루션을 따라가다 보면, 어느새 당신의 삶과 커리어가 비약적으로 도약하는 경험을 하게 될 것이다. 성과는 타고난 재능의 문제가 아니라 반복 가능한 시스템의 결과다. 열심히 하는 거 같은데도 늘 제자리걸음이라는 답답한 현실에 정체감을 느끼고, 단순 노력의 총량이 아닌 질적 성과로 연결되는 구조를 만들고 싶다면 당장 이 책을 펼쳐라.

박곰희

박곰희TV 운영자, 『박곰희 연금 부자 수업』 저자

인터넷과 스마트폰만 있으면 누구나 손쉽게 양질의 정보와 지식을 습득할 수 있는 초연결 시대다. 검색 몇 번이면 전문가의 인터뷰, 최신 뉴스, 수준 높은 강의와 요약 영상까지 접할 수 있다. 정보 자체의 불균형은 점점 사라지고 있다. 더 이상 "아는 것이 힘"이 아니라 "아는 것을 꺼내는 힘"이 중요해진 것이다. 아무리 많은 정보와 지식을 접해도 인생에 적용하지 못한다면 머릿속을 스쳐 지나가는 소음에 불과하다.

불안한 마음에 끊임없이 뉴스 기사와 책을 읽고, 강의를 듣고, 영상을 소비하는가? 그렇게 열심히 하다 보면 '이 정도면 충분하지'라는 안도감에 빠진다. 하지만 쌓은 인풋이 많아도 배운 내용을 실제 행동으로 옮기는 사람은 적다. 인풋은 넘쳐나는데 아웃풋은 부족한 상태, 바로 이 지점에서 우리의 성장은 멈춘다.

성장은 책을 읽는 동안이 아니라 책을 덮은 이후에 시작된다. 새로 알게 된 것을 자신의 언어로 정리해 누군가에게 설명하고 글로 써보면서, 생각의 빈틈을 확인하고 적용점을 떠올릴 때 지식은 비로소 내 것이 된다. 아는 것과 할 수 있는 것 사이의 차이를 절감하고 그 간극을 메우기 위해 노력하는 과정이 있어야 한다는 뜻이다. 결국 인생에서 더 많은 결과를 도출하는 사람은 더 많이 아는 사람이 아니라 배운 것을 최대한으로 써먹는 사람이다.

『일하면서 바로 써먹는 아웃풋×성과 도감』은 일과 삶에서 즉시 활용할 수 있는 구체적인 팁을 제시해 우리를 실천으로 이끈다. 무엇을 더 공부해야 할지를 묻기보다 지금 알고 있는 것을 어떻게 활용할지를 고민하게 만든다.

정보의 바다에서 갈피를 잃은 이들을 목적지로 안내하는 나침반과 같은 이 책을 통해 새해 목표가 또다시 허언으로 전락하지 않기를 바란다. 더 많은 계획을 세우기보다 하나라도 더 실행하고 기록하면서 성장하는 한 해가 되기를 기대한다. 인풋을 아웃풋으로 전환하는 순간, 우리의 삶은 변화하기 시작한다.

드로우앤드류
70만 유튜브 채널 운영자, 『럭키 드로우』 저자

직장인으로 18년을 살았고, 전문 코치이자 작가로 활동한 지 5년 차가 되었다. 월급 받는 직장인을 벗어나 내 일을 할 수 있었던 힘은 수많은 인풋과 그보다 더 확실한 아웃풋에 있다. 이 책을 계기로 내가 그동안 해온 아웃풋은 무엇인지 돌아볼 수 있었다. 놀랍게도 저자와 비슷한 점이 참으로 많았다.

매일 4군데 SNS에 A4 1~2장 분량 글쓰기 - 9년
매주 A4 6~8장 분량 뉴스레터 발행 - 6년
매월 1회 북클럽 토론 진행 - 4년
매월 매거진 칼럼 기고 - 5년
매년 1~2권 책 출간 - 5년
매년 600~700시간 강의, 300~400시간 코칭 - 5년

직장인 시절 가장 크게 역량이 성장했을 때는 인재개발팀장으로서 구성원의 성장을 도왔을 때다. 다른 사람의 성장과 성공을 위해 질문하고 대화하며 답을 찾아가는 과정이 역설적이게도 나를 가장

성장시켰다. 내가 알고 있는 것을 꺼내 누군가에게 적용하는 행위가 나를 위한 아웃풋의 일종이었음을 이 책을 통해 다시금 확인할 수 있었다.

우리는 성장하기 위해 학습한다. 끊임없이 콘텐츠를 소비하고, 책을 읽고, 지식을 습득하는 데 대부분의 시간을 쓴다. 그러나 진정한 성장이란 습득한 지식을 스스로 소화하고 세상에 꺼내놓을 때 가능하다는 것을 이 책이 일러준다. 변화를 꿈꾸는 모든 일하는 이들에게 이 책을 권한다. 특히 어떻게 해야 성장형 인재가 될지 고민하는 리더와 신입사원들이 읽으면 크게 도움을 받을 수 있을 것이다.

백종화

리더십 코치이자 그로플 대표,
『요즘 팀장은 이렇게 일합니다』 등 8권의 리더십 서적 출간 저자

들어가며

아무리 배워도 왜 난 늘 그대로일까?

'내 의견을 잘 전달하고 싶다.'
'협상과 영업을 잘하고 싶다.'
'좋은 아이디어를 떠올리고 싶다.'
'일과 공부에서 더 성과를 내고 싶다.'

이렇게 생각하는 사람이 많을 것이다. 그러나 아무리 많은 책을 읽고 세미나를 수강하면서 인풋을 해도 아웃풋하는 방법이 잘못되어 있다면 성장은 요원하다. 왜냐하면 뇌의 기본적인 구조가 그렇게 설정되어 있기 때문이다.

단언하건대 압도적으로 성과를 내는 사람은 백이면 백, 인풋보다 아웃풋을 중시한다. 지식을 아무리 머릿속에 집어넣어도 현실은 달라지지 않는다. 지식을 인풋했다면 그걸 꺼내는 아웃풋도 해야 한다. 실제로 지식을 아웃풋하면 뇌는 그것을 중요한 정보라고 인식하고 장기 기억으로 보존해서 현실에서 활용할 수 있게 한다. 이것이 뇌과학의 법칙이다. 뇌의 기본적인 구조를 모르면 인생의 귀중한 시간을 낭비하게 된다. 그 손실은 이루 말할 수가 없을 것이다.

"초등학교, 중학교 시절에는 교과서를 한 번만 읽어도 내용을 기억할 수 있었는데!"라고 말하는 사람도 있다. 하지만 스펀지가 물을 빨아들이듯 배운 것을 바로 기억하고 경험으로 축적하는 능력도 길어야 스무 살까지다. 스무 살이 넘으면 신경 네트워크의 폭발적인 성장이 끝난다. 따라서 아웃풋을 중심으로 배우지 않으면 기억에 남지 않고 경험치도 쌓이지 않는다.

조사에 따르면 직장인의 약 90퍼센트는 인풋을 중심으로 배우고 일한다. 즉, 효율이 아주 나쁘다는 뜻이다. 무려 90퍼센트의 직장인이 아웃풋을 하지 않아서 소중한 시간과 돈을 낭비하고 있다.

자기소개가 늦었다. 나는 정신과 의사로 일하면서 50권의 책을 냈다. 30년이 넘도록 다달이 20권 이상의 책을 읽어왔는데, 보통 사람에 비하면 압도적인 인풋량이라고 할 수 있다. 그런데 어느 날, 아무리 인풋을 해도 성장하지 않는다는 사실을 깨달았다. 그날 이후 의식적으로 아웃풋을 강화했고 오늘에 이르게 되었다. 내가 해온 아웃풋의 일부를 소개하겠다.

매일 뉴스레터 발행 — 13년
매일 페이스북 업데이트 — 8년
매일 유튜브 업데이트 — 5년
매일 3시간 이상 집필 — 11년
매년 2~3권 책 출판 — 10년 연속
매월 신작 북토크 2번 이상 진행 — 9년 연속

뒤에서 더 자세하게 설명하겠지만 이후 나는 비약적인 성장을 기록했다. 일례로 15만 부가 팔린 베스트셀러 『외우지 않는 기억법』(라의눈, 2023)을 필두로 총 250만 부의 책을 팔았다.

내 활동량을 보고 "도대체 잠은 언제 잡니까?"라고 묻는 사람이 많은데 나는 매일 7시간 이상 잠을 잔다. 그뿐만 아니라 다음 일들까지 하면서 보통 사람의 세 배 이상으로 인생을 즐기고 있다.

일주일에 4~5번 스포츠센터에서 운동

매월 10편 이상 영화 감상

매월 20권 이상 독서

매월 10번 이상 술자리

매년 30번 이상 해외여행

게다가 "오후 6시 이후에는 일하지 않는다"라는 원칙도 지키고 있다. 어떻게 이렇게 할 수 있었을까? 인풋과 아웃풋의 균형을 맞춰서 학습 속도와 성장 속도를 최대로 끌어올리는 데 성공했기 때문이다.

지나치게 인풋 중심에 머물러 있는 습관을 아웃풋 중심으로 바꾸기만 해도 당신의 인생은 달라진다. '일본에서 제일 많이 아웃풋하는 정신과 의사'인 내가 수만 시간이 넘는 경험을 토대로 깨달은 사실이다. 지금부터 이 책에서 모든 기술을 전수하겠다.

▸▸ 차례 ◂◂

2장 ▸ 말하지 않으면 인생은 바뀌지 않는다 [말하기]

3장 ▸ 쓰면 쓸수록 뇌가 활성화된다 쓰기

4장 ▸ 뇌과학이 알려주는 생각을 행동으로 옮기는 기술 [행동하기]

5장 ▸ 일상 속에서 손쉽게 따라 하는 아웃풋 훈련

일러두기

* 본문의 괄호 속 주석은 독자의 이해를 돕기 위해 역자와 편집자가 추가한 것입니다.
* 저자가 참고한 문헌은 미주로 표기했습니다.
* 이 책에서 소개한 정보와 서비스는 서적 출간 시점에서 변경될 수 있습니다.

▸▸ 1장 ◂◂

아웃풋 중심으로 인생을 재설계하라

아웃풋의 정의

현실을 바꾸려면 아웃풋이 답이다

사람들은 흔히 인풋과 아웃풋이란 말을 사용한다. 이 단어들은 무엇을 의미할까?

인풋input이란 뇌 안에 정보를 넣는 것을 말한다. 즉 입력하는 것이다. 반대로 아웃풋output은 뇌 안에 들어온 정보를 처리해서 바깥으로 출력하는 것을 가리킨다.

구체적으로 예를 들면 읽고 듣는 행위가 인풋이고, 말하거나 쓰고 행동하는 일이 아웃풋이다.

책을 읽는 것은 인풋, 독서 감상을 친구에게 말하면 아웃풋이 된다. 감상을 글로 남기거나 책의 내용을 바탕으로 행동하는 것도 모두 아웃풋이다. 공부를 예로 들면 교과서를 읽는 것은 인풋이고, 문제집을 풀거나 시험을 보는 것은 아웃풋이다. 배워서 이해한 내용을 친구에게 설명하고 가르쳐주는 것도 아웃풋에 속한다.

인풋의 중요성은 모두가 알고 있는 듯하다. 뇌 안의 정보와 지식을 늘리는 행위는 학창 시절부터 "공부해라"라는 부모님의 잔소리로 익숙하다. 하지만 인풋만 해서는 아무런 변화가 일어나지 않는다. 책을 100권 읽어도 적용하지 않으면 현실은 조금도 달라지지 않는다. 인풋만으로는 내 머릿속 세계만 변할 뿐이다. 반면 아웃풋은 행동이다. 알고 있는 것을 실천하는 과정이다. 지식과 삶의 간극을 메우는 일이다. 내가 속한 세계를 바꾸는 일이다.

아웃풋이란?

인풋 입력하는 것

읽기

듣기

아웃풋 출력하는 것

쓰기

blog

말하기

!!!

행동하기

그 사람을
만나러 가자!

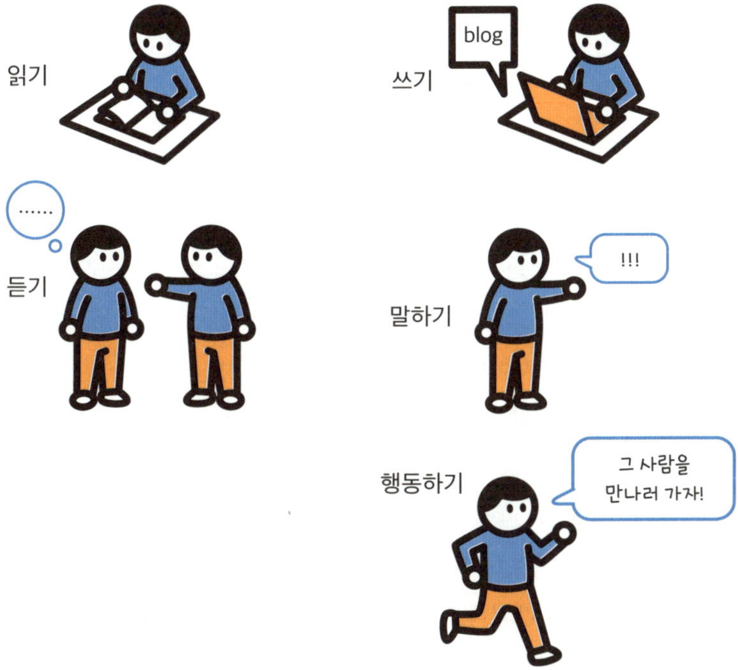

'뇌내 세계'가 변한다

'현실 세계'가 변한다

끊임없이 쓰고 말하고 행동하라.

자기 성장

성장은 아웃풋의 양으로 결정된다

'한 달에 책을 세 권 읽는 사람'과 '한 달에 책을 10권 읽는 사람'이 있다면 둘 중 어느 쪽이 더 성장할까? 대부분의 사람이 책을 많이 읽으면 다양한 지식을 얻을 수 있으므로 당연히 다독하는 사람이 더 성장할 거라고 생각한다.

하지만 이는 착각이다. 인풋의 양과 자기 성장의 양은 전혀 비례하지 않는다. 중요한 것은 인풋의 양이 아니라 아웃풋의 양이다. 예를 들어 '한 달에 세 권 읽고 세 권을 아웃풋하는 사람'과 '한 달에 10권 읽고 한 권도 아웃풋하지 않는 사람' 중 어느 쪽이 성장했다고 말할 수 있을까? 당연히 세 권 읽고 세 권을 아웃풋하는 사람, 즉 아웃풋량이 많은 사람이다. 왜냐하면 지식을 아무리 인풋해도 아웃풋하지 않으면 장기 기억으로 정착되지 않기 때문이다.

만약 "나는 책을 꼼꼼하게 읽는 편이라 잘 잊어버리지 않아"라고 자신한다면 책장에 있는 아무 책이나 한 권 꺼내서 그 책의 내용을 5분 동안 설명해보라. 5분간 술술 말할 수 있다면 책의 내용을 잘 기억하고 있고, 지식이 정착되어 제대로 배웠다고 자신 있게 말해도 좋다. 그 책이 진정한 자기 성장의 양식이 된 것이다.

하지만 제대로 설명하지 못한다면 내용을 기억하지 못한다는 뜻이다. 기억에 남지 않으면 무슨 쓸모가 있을까?

예전에 어떤 실험을 한 적이 있다. 전 세계 누적 판매 천 만부를 넘은 베스트셀러 『미움받을 용기』(인플루엔셜, 2022)를 읽은 독자 30명에게 "아들러 심리학이란 무엇입니까?"라고 질문했다. 그런데

이 질문에 정확한 답을 내놓은 사람은 딱 세 명뿐이었다. 고작 10퍼센트에 불과했다. 대부분이 "어…"라고 얼버무릴 뿐 아무 말도 하지 못했다. 90퍼센트의 사람들은 책을 읽어도 '다 아는 것 같은' 기분만 느꼈을 뿐 머릿속에 지식으로 자리잡지 못한 것이다. 냉정하게 말하면 인풋은 단지 자기만족에 불과하다. 자기 성장은 오직 아웃풋에 달려 있다.

'다 아는 것 같은 느낌'에 속지 말고 아웃풋을 해서 성장하라.

운동성 기억

몸으로 기억하면 절대 잊히지 않는다

인풋과 아웃풋의 가장 큰 차이는 운동의 유무다.

우리는 아웃풋을 할 때 운동신경을 사용해 근육을 움직인다. 손의 근육을 움직여서 글을 쓰고, 입과 목에 있는 근육을 이용해 말하고, 전신의 근육이 협응해 행동한다. 어느 행위나 운동신경과 근육의 움직임이 필요하다. 몸을 사용하면 기억을 더 잘하게 된다. 근육과 힘줄이 움직이면서 소뇌를 거치고 해마를 경유해 언어, 사고, 기억과 같은 고등기능을 담당하는 대뇌피질연합야Association Area에 축적되기 때문이다. 특히 전체 뇌의 뉴런 중 80퍼센트가 몰려 있는 소뇌를 경유하면서 많은 신경세포가 활성화된다. 그래서 영단어나 한자를 외

몸으로 기억하면 오래 기억한다

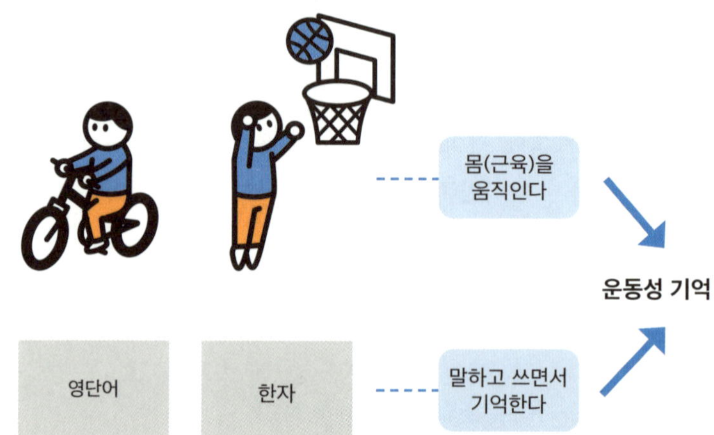

속으로 읽기

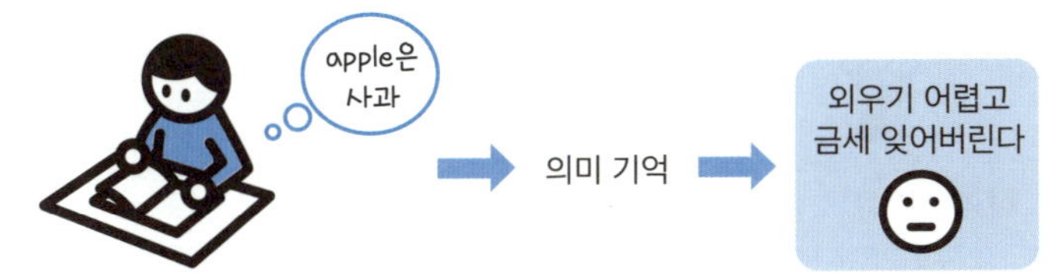

소리 내어 읽기·반복해서 쓰기

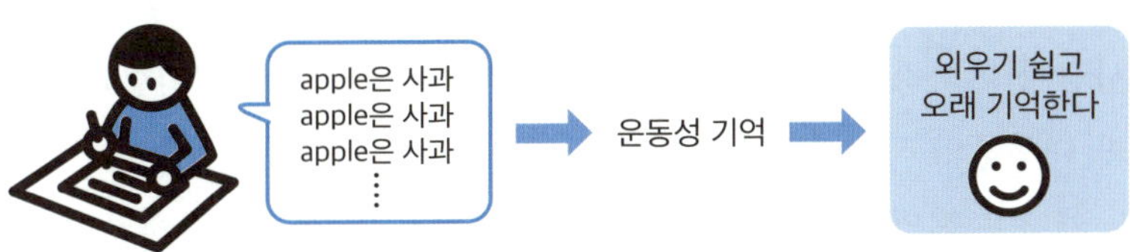

울 때 중얼거리거나 쓰면서 외우면 잘 잊히지 않는다.

반면, 그냥 읽고 암기하는 것은 운동성 기억이 아닌 의미 기억을 자극하는 일이다. 의미 기억은 외우기 어렵고 금세 잊히는 특징이 있다. "쓰면서 외워라", "소리 내 읽으면서 외워라"라고 말하는 이유가 바로 여기에 있다. 그래야 더 잘 기억할 수 있기 때문이다. 실제로 영어 단어를 떠올릴 때, 스펠링이 뭔지 머리로 생각해내기도 전에 손이 멋대로 노트 위에서 움직인 경험이 있을 것이다. 'apple은 사과'라고 속으로 읽으면 안 되냐고? 물론 대답은 'No'다. "apple은 사과"라고 직접 소리 내 읽으면서 종이에 여러 번 써야 운동성 기억으로 넘어간다.

소리 내서 읽고 손으로 쓰면서 암기하라.

장기 기억

2주일에 3번 쓴 정보는 장기 기억으로 넘어간다

당신은 한 달 전에 먹은 점심 메뉴를 기억할 수 있는가? 대부분의 사람이 기억하지 못할 것이다. 그렇다면 사흘 점심은 어떠한가? 아마 대부분의 사람이 기억할 것이다.

왜 3일 전의 일은 기억하면서 한 달 전의 일은 기억하지 못하는 걸까? 그리고 이를 반복하지 않으려면 어떻게 해야 할까?

인간의 뇌는 중요한 정보를 장기간 기억하되 중요하지 않은 정보는 잊도록 만들어졌다. 여기서 중요한 정보란 인풋을 하고 나서 몇 번이나 '사용된' 정보를 말한다. 즉, 정보를 자꾸 꺼내 쓰지 않으면 인간의 뇌는 금방 잊어버린다.

뇌에 입력된 정보는 해마라는 부분에 2~4주간 임시 보존되는데, 그 기간에 정보가 여러 번 쓰이면 뇌는 그 정보를 중요하다고 판단

단기 기억을 장기 기억으로 만드는 해마

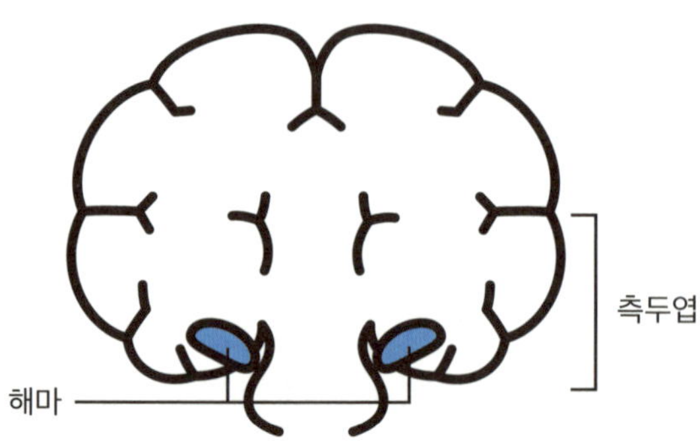

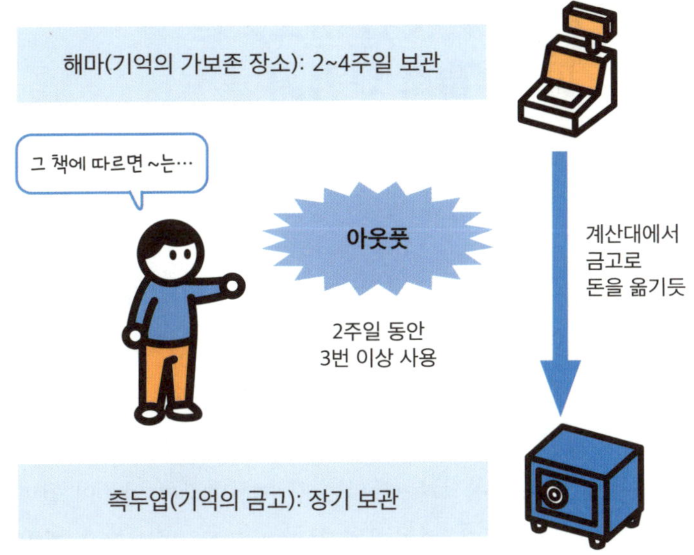

하고 장기 기억을 담당하는 측두엽으로 이동시킨다.

일단 한번 측두엽으로 옮겨진 정보는 쉽게 잊히지 않아서 오랫동안 기억할 수 있다. 이는 편의점에서 돈을 계산대에 잠시 보관하다가 어느 정도 돈이 모이면 금고에 옮기는 것으로 비유할 수 있다.

그렇다면 구체적으로 2주일 동안 몇 번 이상 정보를 반복해서 봐야 할까? 나는 세 번 이상을 추천한다. 당신의 중고등학교 시절을 떠올려보라. 영어 단어를 딱 한 번 보고 완벽하게 암기하지는 못했을 것이다. 세 번쯤 복습해야 겨우 기억에 남는다. 물론 이때 운동성 기억 기술까지 활용하면 더욱 좋다.

말하기와 쓰기는 최소 3번 반복해서 정보를 장기 기억으로 이동시켜라.

반복의 중요성

인풋과 아웃풋을 계속 오가라

오해하지 않기를 바란다. 나는 인풋이 중요하지 않다고 말하는 것이 아니다. 아웃풋을 하기 위해서는 반드시 인풋이 필요하다. 그렇다면 인풋과 아웃풋의 관계를 어떻게 이해하면 좋을까?

나는 인풋과 아웃풋의 관계를 '성장의 나선계단'이라고 부른다. 인풋을 하고 아웃풋을 하는 행위는 꾸준히 번갈아 되풀이 될 때에만 의미가 있기 때문이다. 제자리에서 원을 돌듯 그저 같은 자리를 맴도는 것처럼 보일 수도 있지만 인풋과 아웃풋의 사이클을 한 바퀴 돌 때마다 우리는 한 단계씩 성장한다. 마치 나선형 계단을 오르는 것과 같다.

이것이 바로 궁극의 공부법이자 학습법이며 자기 성장의 법칙이다.

지知의 거인이라고 불린 다치바나 다카시 작가도 "끊임없는 인풋으로 축적되고 형성된 풍부한 지적 세계야말로 좋은 아웃풋의 토양이다"라고 말한 적이 있다.

뇌과학자 모기 겐이치로 역시 『뇌를 활용하는 업무술』에서 "기쁨 속에서 '뇌의 출력과 입력 사이클을 도는' 것이다"라면서 일에서 인풋과 아웃풋의 중요성을 모두 강조했다. 다시 말해 핵심은 반복이다. 인풋과 아웃풋을 오가는 반복이 있을 때 우리는 성장한다.

성장의 나선계단

인풋과 아웃풋의 사이클

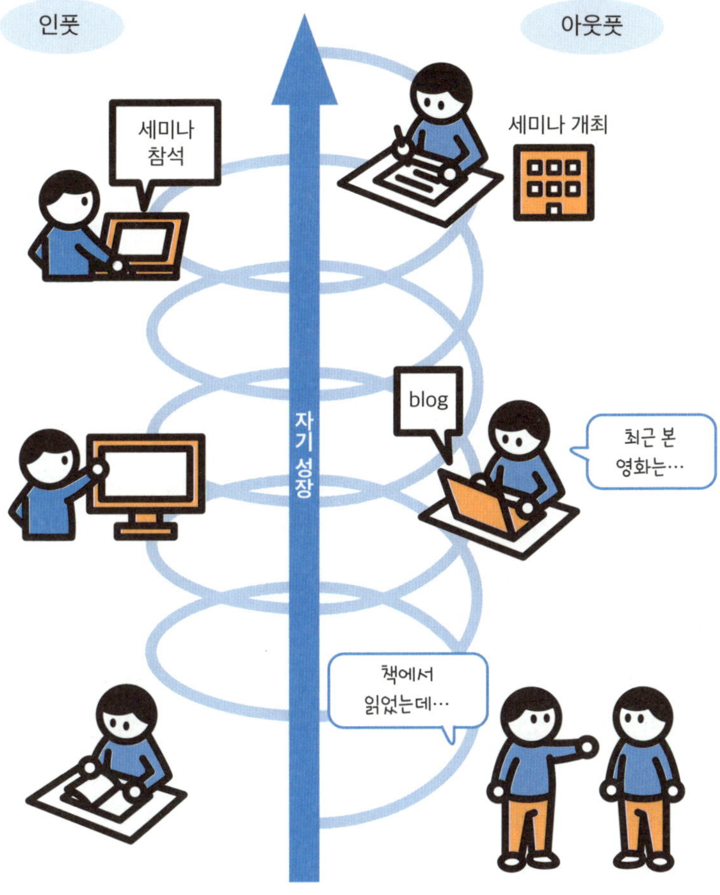

인풋

아웃풋

세미나 참석

세미나 개최

blog

최근 본 영화는…

자기 성장

책에서 읽었는데…

POINT

인풋을 하면 반드시 아웃풋도 같이하라.

3대 7의 법칙

인풋과 아웃풋의 황금 비율은?

그렇다면 인풋과 아웃풋의 가장 효율적인 비율은 무엇일까?

대학생을 대상으로 인풋(교과서 읽기)과 아웃풋(문제 풀기)에 각각 어느 정도 시간을 할애하는지 조사한 연구에 따르면, 인풋 대 아웃풋의 평균 비율은 7대 3으로 나왔다.

사회인을 대상으로 진행한 세미나 참가자 88명에게 조사한 결과에서도 인풋과 아웃풋의 비율은 평균 7.1대 2.9로, 7대 3에 근접한 결과가 나왔다. 심지어 참가자들 중 아웃풋의 비율이 40퍼센트 이하라고 답한 사람은 무려 88퍼센트에 달했다. 학생이든 사회인이든 대부분의 사람이 '성장'을 떠올릴 때 인풋에만 초점을 두고 있었다.

컬럼비아대학교의 심리학자 아서 게이츠Arthur I. Gates 박사가 진행한 흥미로운 실험도 함께 살펴보자. 그는 초등학교 3학년부터 중학교 2학년까지 100명이 넘는 아이들에게 「신사록紳士錄」이라는 인명연감(관료, 대기업, 임원, 예술가 등 저명인사 중 살아서 활약하고 있는 인물의 정보를 실은 책)에 쓰인 인물 정보를 외워서 발표하라고 지시했다. 아이들에게 주어진 시간은 모두 9분이었지만 암기 시간과 발표 연습 시간의 비율은 그룹마다 달랐다. 결론적으로 가장 좋은 결과를 낸 그룹은 외우는 시간에 총 시간의 약 40퍼센트가 배정된 그룹이었다. 특히 학년이 올라갈수록 암기 시간은 더 줄어들어서 30퍼센트쯤 배정된 그룹이 가장 고득점을 받았다.

즉, 초심자는 60퍼센트, 숙련자는 70퍼센트를 아웃풋에 할애하는 것이 가장 효과적인 방법이었다.

3대 7의 법칙

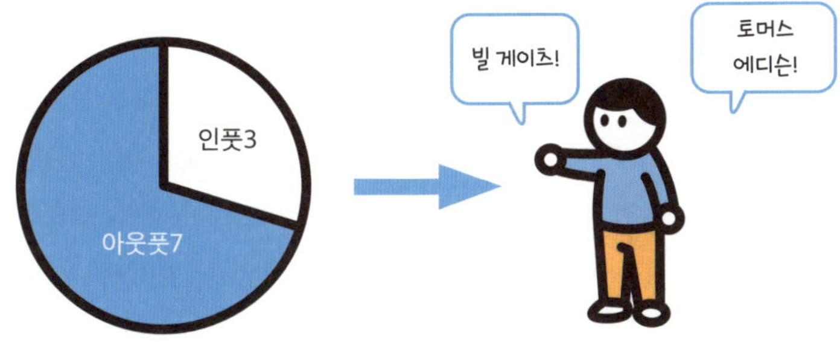

대부분의 사람이 인풋 과잉과 아웃풋 부족 상태에 빠져 있다. 이것은 공부를 해도 발전이 없는 가장 큰 원인이기도 하다. 실태 조사와 연구 결과를 바탕으로 강조하자면 인풋과 아웃풋의 비율은 역으로 3대 7이 되어야 한다. 성장을 위해 확보해야 할 시간은 2배에 가까운 아웃풋 시간이다.

POINT

교과서를 천천히 읽을 시간에
문제를 하나라도 더 풀자.

피드백의 중요성

오답노트는 성인이 되어도 계속 써야 한다

한편 "인풋도 아웃풋도 열심히 했지만 조금도 성장하지 않았다"라고 말하는 사람이 있다. 대체 무엇이 잘못된 걸까?

아웃풋을 하고 나서 다음 인풋을 하기 전에 반드시 거쳐야 하는 과정이 있다. 바로 피드백이다.

여기서 피드백이란 아웃풋으로 얻은 결과를 스스로 혹은 타인을 통해 평가하고 그 결과를 다음 인풋에 반영하는 작업이다. 고찰, 반성, 개선, 방향 수정, 미세 조정, 원인 규명 등 모두가 피드백이 된다.

무언가 행동했을 때 실패했다면 원인과 이유를 고려해서 대책을 마련해야 한다. 성공했다면 잘된 이유를 떠올려보고 어떻게 하면 더 잘할 수 있는지를 깊이 생각한다.

피드백을 통해 행동의 방향이 수정되면 전보다 발전하고 성장할 수 있다. 피드백을 하지 않으면 같은 자리만 맴도는 나사못이 될 뿐이다. 제자리를 돌기만 해서는 성장을 기대하기 어렵다.

피드백이란?

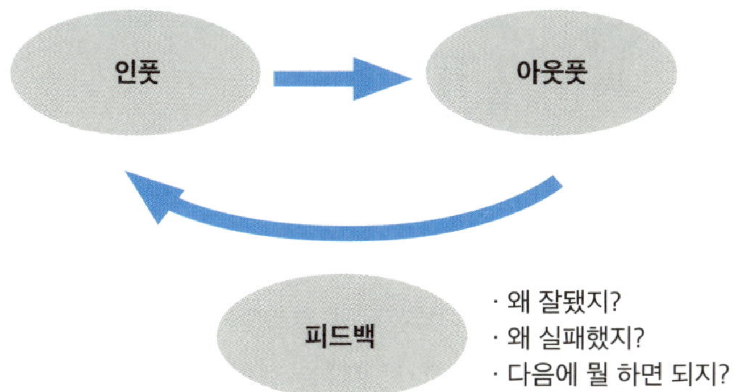

이를테면 시험에서 문제를 틀렸을 때 성적이 좋은 아이는 무엇이 잘못되었는지 분석하고, 철저히 복습하고, 오답노트를 만들어 자신의 약점을 보강해서 같은 실수를 반복하지 않는다.

그러나 성적이 나쁜 아이는 틀린 문제를 다시 살펴보지 않고 그냥 내버려둔다. 그리고 다음 시험에서도 같은 실수를 반복한다. 성적이 오를 리가 없다. 아웃풋을 했다면 결과에 대한 피드백은 필수다. 피드백하지 않는 것은 화장실에서 볼일을 보고 물을 내리지 않는 것과 같다고 생각한다.

결과가 좋든 나쁘든 그 이유를 생각해보라.

성장 피드백의 기준

효과적으로 피드백하는 4가지 방법

평소 피드백하는 습관이 자리 잡혀 있지 않았다면 무엇을 반성하고 고쳐야 하는지 갈피를 잡기가 어려울 것이다. 다음에 나오는 네 가지 피드백 방법을 참고해보라. 내가 실제로 효과를 본 것들이다.

단점을 보완하거나 장점을 강화하기

성장을 위한 길에는 두 가지가 있다. 단점을 극복하는 것 또는 장점을 강화하는 것이다. 평소 자신 없던 분야를 물고 늘어져 보완하거나 자신 있는 분야를 파고 들어 더욱 강화할 것이다. 주의할 점은 양쪽 모두를 잡고자 하면 성장이 요원하다는 것이다. 반드시 처음에는 한쪽을 선택해야 역량을 강화할 수 있다. 이를테면 책을 다 읽고 나서 이해하지 못했던 부분으로 돌아가 다시 읽어보거나 인터넷에서 정보를 검색하고 다른 책을 참고해 조사하는 것은 단점 극복의 예다. 반면 책을 읽고 특히 재미있거나 도움이 되었던 점을 실제로

장점 강화와 단점 보완

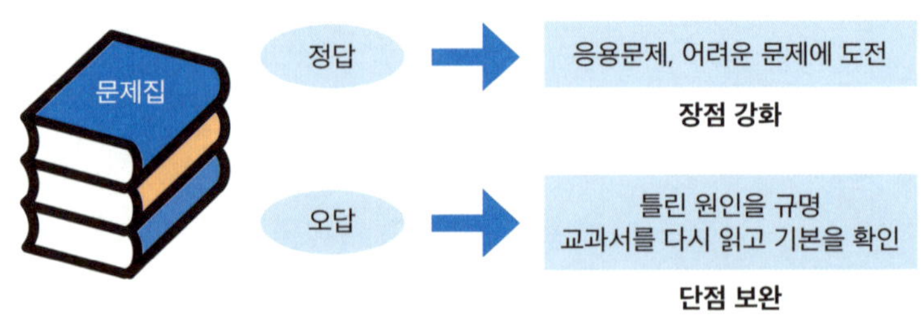

공부의 방향 설정하기

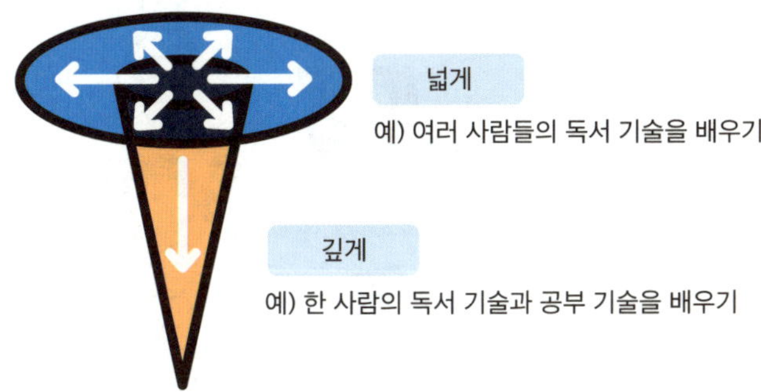

실행하고 더 깊이 이해하기 위해 다른 책을 찾아서 읽는 것은 장점 강화다. 또 다른 예도 있다. 문제집을 풀 때 모든 정답을 맞히고 더 어려운 응용문제에 도전하는 것은 장점 강화, 틀린 문제의 이유를 찾고 기본으로 돌아가 교과서를 다시 숙지하는 것은 단점 극복이다.

공부하기 싫어하고 자신 없는 사람이라면 먼저 장점을 강화하는 편이 좋다. 일단은 공부에 재미를 느끼는 것이 중요하기 때문이다. 물론 큰 성과를 내기 위해서는 단점 보완을 필수로 해야 하지만 이를 하려면 상당한 정신력과 시간이 필요한 것도 사실이다. 따라서 단점 극복은 어느 정도 아웃풋에 능숙한 상급자에게 추천한다.

공부의 방향 정하기

무언가를 배울 때 넓게 공부할 것인지 깊게 공부할 것인지를 선택해야 한다. 나는 대부분의 초심자에게는 넓어지는 공부를 추천한다. 넓고 얕게 공부하다가 관심이나 흥미 있는 주제, 더욱 호기심이 가는 분야가 생기면 그때는 점점 더 깊어지는 공부를 하는 것이 좋다. 즉, 자신이 알고 있는 지식의 정도에 따라 공부의 방향을 정해야 한다.

예를 들어 넓게 배우는 방법은 내 책 『외우지 않는 기억법』을 읽은 후에 다른 사람의 독서 기술은 어떨지 궁금하다면 간다 마사노리

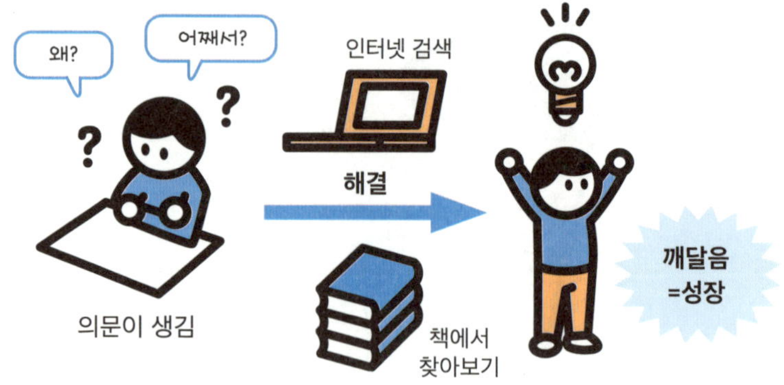

(일본 최고의 경영 컨설턴트)나 사이토 다카시(일본의 교육자이자 저자) 등이 쓴 독서법에 관한 책을 읽는 식이다.

반면 내 공부법을 더 깊게 알고 싶다면 독서뿐만 아니라 공부법 전반에 대해 논하는 다른 책 『슈퍼 아웃풋 공부법』(중앙북스, 2025)을 읽어보면 좋을 것이다.

의문은 반드시 해결하기

인풋과 아웃풋을 하면 반드시 의문이 생긴다. '왜 잘되지 않을까?', '왜 이렇게 될까?' 이때 떠오르는 질문들을 그냥 내버려두거나 가볍게 넘겨서는 안 된다. '왜'에 대한 대답을 얻으면 그 너머에 깨달음이 존재한다. 인터넷을 검색하거나 다른 책을 찾아보는 등 적극적으로 답을 구해보자. 의문을 스스로 해결할 수 있는 사람은 빠르게 성장한다. 반면에 의문을 해결하지 않고 그냥 모르는 척 넘기는 사람은 언제까지나 지금 단계에서 벗어나지 못한다. 궁금한 것이 생기면 방치하지 말고 당장 해결하는 습관을 들이자.

다른 사람에게 조언 받기

여기서 이야기하는 피드백 기술 중 가장 즉각적인 것은 다른 사람

지식·경험이 많은 사람에게 조언 받기

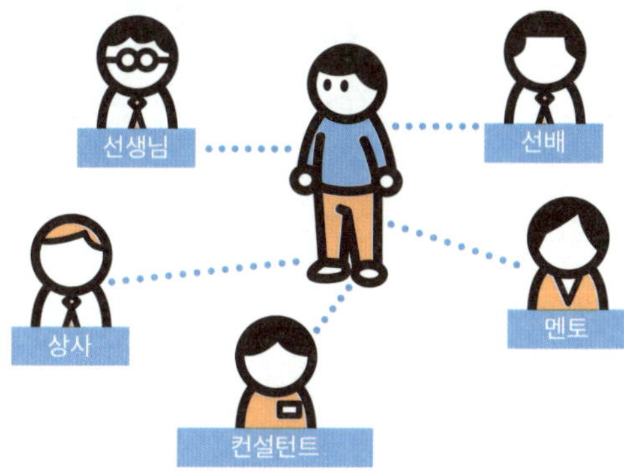

의 조언을 듣는 것이다. 스스로 하는 피드백도 좋지만 교사, 선배, 상사, 전문가, 코치, 감독, 컨설턴트, 멘토 등 자신보다 지식과 경험이 많은 사람에게 적절한 조언을 받을 수 있다면 객관적으로 자신을 평가하고 비약적으로 성장할 수 있다. 때문에 조언을 구할 수 있는 사람을 평소 찾아두는 것이 좋다.

단, 피드백을 얻는답시고 아무렇게나 막무가내로 질문해서는 안 된다. 자기 나름대로 탐구하는 과정을 먼저 거쳐야 한다. 자기 안의 '왜'를 꾸준히 묻고 늘어진 사람만이 거기에서 한발 나아간 조언을 받을 수 있다. 간단한 질문만 거듭해서는 진정한 성장이나 발전을 이루기 어렵다.

피드백은 타인에게 받는 것뿐 아니라 스스로도 해야 한다.

아웃풋의 힘

아웃풋이 내 인생에 가져오는 6가지 효과

아웃풋의 힘은 비단 일과 성공에만 초점이 맞추어져 있지 않다. 인생을 더 여유롭고 즐겁게 살게 하는 촉매제인 아웃풋의 효과를 소개한다.

기억에 남는다

인풋만 거친 정보는 기억에서 금세 잊힌다. 하지만 아웃풋을 하면 인간의 뇌는 그것을 쓸모 있는 정보, 중요한 정보라고 판단해서 기억에 남기는 작업을 한다.

행동이 바뀐다

아웃풋이란 말하기, 쓰기, 행동하기를 가리킨다. 아웃풋은 운동이자 행동이다. 아웃풋을 하고 나서 피드백까지하면 당신의 행동은 더 바람직한 방향으로 나아갈 것이다.

현실이 바뀐다

나의 행동이 바뀌면 주변 사람들에게도 여러 영향을 미쳐서 내가 속한 현실도 변화한다. 일을 더 효율적으로 처리하고 인간관계가 원만해지는 등 상황이 긍정적으로 흘러간다.

성장한다

인풋, 아웃풋, 피드백을 거듭하면 몰라보게 성장한다. 이 사이클을 꾸준히 돌면 자기 성장의 계단을 착실하게 오를 수 있다.

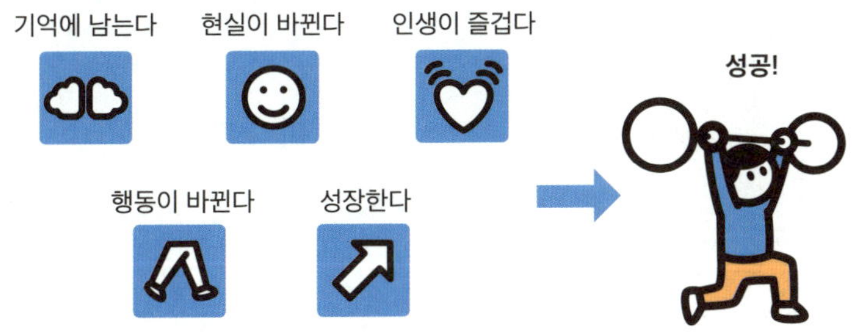

인생이 즐거워진다

발전적인 아웃풋을 하면 사람들에게 호평을 받고, 칭찬을 받고, 신뢰를 얻는다. 그럴수록 아웃풋을 더 하고 싶어지고 열심히 하려는 의욕에 불타게 되니 어찌 인생이 즐겁지 않겠는가?

인생이 달라진다

자기 성장을 거듭할수록 인생이 점점 더 좋은 방향으로 흘러갈 것이다. 직장 내의 평판이 올라가고 중요한 업무를 맡게 되며 승진과 돈이 따라온다. 또한 인간관계가 원만해지고 직장에서 일하기가 수월해진다.

애정 관계도 좋아지고 여러 방면에서 긍정적인 효과가 연쇄적으로 일어나는 덕분에 인생이 여유로워진다.

어떤가? 지금이라도 당장 아웃풋을 하고 싶지 않은가? 1장에서는 아웃풋의 정의부터 그 효과까지 소개했으니 2장부터는 아웃풋의 구체적인 방법에 대해 설명하고자 한다.

POINT

인생을 바꾸고 싶다면 아웃풋하라.

▸▸ 2장 ◂◂

말하지 않으면 인생은 바뀌지 않는다

말하기

어제 일을 말하는 것도 훌륭한 아웃풋이다

아웃풋이 서툰 사람은 어떤 것부터 시작하면 좋을까?

먼저 '말하기'로 시작하자. 말하기는 가장 간단한 아웃풋이다. "어제 이런 일이 있었어"라고 친구와 동료들에게 말하는 것만으로도 훌륭한 아웃풋이 된다. 읽은 것, 들은 것, 체험한 것을 다른 사람에게 말로 전해보자.

이야깃거리는 특별하지 않아도 된다. 가령 "어제 책에서 읽었는데…"라는 이야기를 가족과 친구, 후배에게 꺼내보라. 일주일에 세 번, 책이든 드라마든 콘텐츠 감상 후기를 다른 사람에게 말하면 아웃풋의 첫 번째 기본 법칙인 '2주일에 세 번 쓴 정보는 장기 기억으로 넘어간다'라는 법칙을 거뜬히 클리어할 수 있다.

당신의 뇌 안에 있는 정보, 생각, 사고, 기분 등을 언어화해서 바깥 세계에 토해내라. 단지 말하기만 해도 뇌가 활성화되어 기억력이 좋아지고 장기 기억으로 정착되는 데 큰 도움이 된다.

책을 읽거나 영화를 본 후기, 텔레비전 방송을 보고 떠오른 생각, 스포츠 경기를 즐긴 후의 감상, 맛있는 음식을 먹었을 때의 느낌 등 어떤 것이라도 좋으니 일단 다른 사람에게 감상을 말하는 것부터 시작하라.

감상을 말할 때는 자신의 의견과 깨달은 것을 하나라도 담아내는 것이 중요하다. 종종 SNS에 "화제의 라면집을 방문했습니다!"라는 글이 올라오지만 막상 그 가게의 라면이 어떠했는지, 맛이 있는지 없는지에 관해 언급되지 않은 경우가 태반이다.

자신의 의견이나 깨달음을 담기

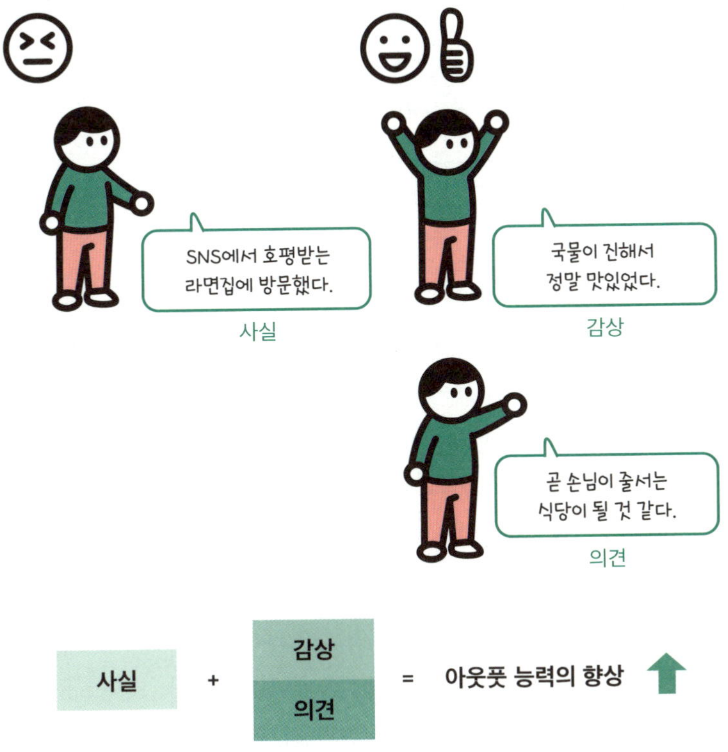

사실	+	감상 / 의견	=	아웃풋 능력의 향상 ↑

어떻게 생각하고 무엇을 느꼈는가? 당신만의 감상이 들어 있다면 이야기에 가치가 생기고 사람들은 절로 귀를 기울일 것이다.

POINT

단지 말하기만 해도 뇌가 활성화된다.

02

표현하기

긍정적인 말을 할수록 저절로 행복해진다

술집에서 직장인들끼리 나누는 이야기를 듣다 보면 부정적인 내용이 주를 이룬다. 긍정적인 내용보다는 상사와 회사에 대한 험담, 불만 등이 압도적으로 많다.

긍정심리학 연구 결과에 따르면 긍정적인 말과 부정적인 말의 비율을 바꾸기만 해도 일과 인생, 심지어 결혼 생활까지 잘 풀리게 된다고 한다. 거꾸로 말하면 부정적인 말을 많이 하는 사람은 일과 인생, 결혼 생활 모두 잘 안 풀릴 확률이 높다는 뜻이다.

노스캐롤라이나대학교 연구에 따르면, 직장에서 나누는 대화 중 긍정적인 말과 부정적인 말의 비율, 즉 긍정 비율Positivity Ratio을 조사해 추적한 결과, 3대 1의 비율로 긍정적인 말을 더 많이 하는 팀이 가장 좋은 성과를 냈고 서로에 대해 높은 평가를 내렸다.

한편, 긍정적인 말을 하는 비율이 3대 1을 밑도는 팀은 회사에 대

긍정적인 말의 효과

3대 1 이상

잘되는 팀

6대 1

아주 잘되는 팀

5대 1

행복한 결혼 생활을 하는 부부

긍정적인 말의 예시

한 애착이 낮았고 이직률이 높았다. 놀랍게도 가장 실적이 높은 팀은 긍정 비율이 6대 1에 달했다.

부부 관계 연구의 대가이자 심리학자인 존 가트맨John Gottman 박사의 연구에 따르면 긍정적인 말을 하는 비율이 5대 1을 밑도는 부부는 높은 확률로 이혼했고, 이 긍정 비율을 바탕으로 이혼 예측을 했더니 94퍼센트가 적중했다.

이를 보면 알겠지만 일에서 성공하고 원만한 인간관계를 유지하려면 긍정적인 말이 부정적인 말보다 3배 이상 필요하다. 그러니 아웃풋을 할 때 부정적인 아웃풋이 아닌 긍정적인 아웃풋을 늘리도록 하자. 그래야 원하는 결과를 얻고 행복해질 수 있다.

POINT

성공하고 싶다면 주변을 긍정적인 말로 채워라.

불평하지 않기

험담은 내 인생만 불행하게 만든다

아웃풋을 할 때 생각을 입 밖으로 내서 말하는 것은 좋지만 험담만은 하지 않는 편이 좋다. 나에게든 남에게든 이로울 것이 하나도 없고 손해 보는 일만 많기 때문이다.

스트레스 호르몬이 증가한다

사람들은 종종 스트레스를 해소하려고 험담을 하지만 사실 이는 오히려 스트레스를 쌓는 결과를 낳는다.

동핀란드대학교 연구에 따르면 평균 연령 71세인 1,449명에게 평소 얼마나 자주 가십거리를 이야기하고 다른 사람을 욕하는지를 설문 조사한 결과, 험담과 비판을 자주 하는 사람은 그렇지 않은 사람보다 치매에 걸릴 확률이 3배나 높았다.

또 다른 연구에서는 험담을 할 때 스트레스 호르몬인 코르티솔 수치가 높아진다는 사실을 발견했다. 즉 험담하는 행위는 스트레스를 줄이지 않고 오히려 늘린다. 게다가 코르티솔 분비 수치가 장기간 높게 유지되면 신체 면역력이 떨어져서 치매나 다양한 질환에 걸릴 위험이 높아진다.

인간관계가 악화된다

아웃풋은 기억을 강화한다. "과장이 싫어!"라면서 술집에서 그 사람의 흠을 들추는 데 열을 올리면 '과장이 싫다!'라는 기억과 감정이 강화된다.

험담은 불행한 인생의 시작

많은 사람이 본인 앞에서만 험담하지 않으면 괜찮다고 생각할지도 모른다. 하지만 말로 표현하지 않아도 비언어적 메시지로 티가 나기 마련이고, 그 마음이 상대방에게도 확실하게 전달된다. 결과적으로 그 사람이 나를 대하는 태도와 평가는 더 나빠지고 인간관계도 악화될 뿐이다.

나쁜 점을 찾아내는 달인이 된다

모이기만 하면 험담을 하는 지인들이 있는가? 이는 다른 사람의 단점과 결점만을 찾아서 아웃풋 훈련을 하는 것과 같다. 일상적으로 험담을 하면 나쁜 점을 잘 찾는 달인이 된다. 문제는 다른 사람의 결점뿐만 아니라 자신의 단점까지도 시선을 두게 된다. 습관적으로 험담을 하면서 나도 모르게 부정적 사고를 훈련하게 되는 것이다.

긍정적 사고가 인생을 더 좋게 만들어준다면, 부정적 사고는 인생에 딴죽을 건다. 무엇을 하더라도 스스로 잘 풀리지 않는 인생을 자초하게 되는 것이니 조심하자.

POINT

남을 흉보는 것은
부정적 사고 훈련과도 같다.

웃는 얼굴

말의 내용보다 태도가 더 중요하다

여전히 '무엇을 말해야 좋을지 모르겠다'라고 생각하는 사람이 적지 않으리라 생각한다. 아니, 그 전에 어떻게 전달해야 할지 잘 모르는 사람도 있을 테다. 이는 전달하기, 바꿔 말해 커뮤니케이션의 문제다.

커뮤니케이션은 언어적 커뮤니케이션과 비언어적 커뮤니케이션으로 나뉜다. 언어적 커뮤니케이션은 언어의 의미와 내용, 언어 형태의 정보를 가리킨다. 비언어적 커뮤니케이션은 겉모습, 시선, 자세, 동작, 제스처, 옷차림, 몸가짐 등의 시각 정보와 목소리의 상태나 강약, 성질 등의 청각 정보를 포함한다. 다시 말해 '무엇을 말할까?'가 언어적 커뮤니케이션이고 '어떻게 말할까?'가 비언어적 커뮤니케이션이다.

심리학에는 '메라비언의 법칙'이라는 유명한 법칙이 있다. 이는 사람들이 언어·시각·청각적으로 모순된 메시지를 받을 때 어떤 요소를 더 신용하는지 실험한 연구에서 나온 개념이다. 실험 결과, 시각 정보 55퍼센트, 청각 정보 38퍼센트, 언어 정보 7퍼센트의 비율이 도출되었다. 결과만 놓고 보면 우리는 내용 자체보다 시각 정보

커뮤니케이션의 2종류

언어적 커뮤니케이션	비언어적 커뮤니케이션
언어의 의미, 내용, 정보	• 시각: 외견, 표정 시선, 자세, 동작, 제스처, 옷차림, 몸가짐 • 청각: 목소리 상태, 강약, 크기

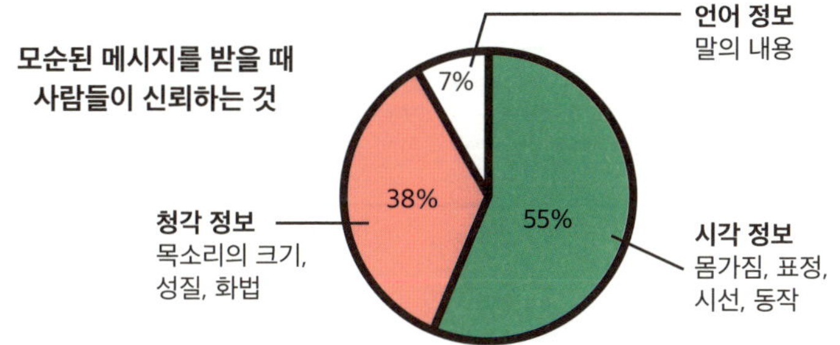

와 청각 정보를 훨씬 더 중시한다고 볼 수 있다.

참고로 이 실험 결과를 "인간의 커뮤니케이션 중 비언어적 커뮤니케이션이 93퍼센트를 차지한다"라고 해설하는 책도 있는데 이는 실험 결과를 잘못 해석한 것이다. 메라비언의 법칙은 어디까지나 비언어적 커뮤니케이션의 중요성을 보여주는 한 예시에 불과하다.

익숙한 상황을 예로 들어보자. 친한 지인으로부터 결혼식 연설을 부탁받았다. 당신은 무슨 말을 할지 필사적으로 고민할 것이다. 그런데 아무리 멋진 말이라도 잔뜩 긴장해버리면 준비한 내용이 제대로 전달되지 않는다. 말의 내용보다 웃는 얼굴로 밝게 말하는 편이 몇 배나 중요한데도, '무엇을 말하는지'에만 정신이 팔려서 '어떻게 말할까?'에 관해서는 주의를 기울이지 않는다.

다른 사람에게 무언가를 전달할 때, 비언어적 커뮤니케이션에 조금만 더 신경을 쓴다면 당신의 커뮤니케이션 능력은 대폭 향상될 것이다.

'무엇을 말하는지'보다 '어떻게 말하는지'가 훨씬 중요하다.

눈 맞추기

눈은 입만큼 많은 것을 전한다

비언어적 커뮤니케이션을 활용하면 마음을 전달하는 일이 훨씬 수월하다. 그런데 비언어적 커뮤니케이션이라고 하면 왠지 어렵게 느껴지곤 한다.

누구나 간단하게 실천할 수 있는 비언어적 커뮤니케이션으로 상대의 눈을 보고 말하는 '눈 맞춤Eye Contact'이 있다. 눈 맞춤을 하면 소소하고 미묘한 감정이 서로 간에 잘 전해져서 커뮤니케이션이 한층 더 깊어진다. 연인은 물론이고, 비즈니스 파트너와도 친밀한 관계를 형성할 수 있다. 인간관계는 지금보다 더 견고해지고 당신의 평판도 덩달아 올라갈 것이다.

뿐만 아니라 상대방과 눈을 맞추면 우리 몸속에서는 도파민이 분비된다. 도파민은 기쁨과 즐거움을 느끼게 해주는 행복 호르몬으로, 의욕을 높이고 기억력을 증강시키는 효과가 있다. 이와 관련해 루벤 대학교에서 흥미로운 실험을 했다. 인물의 시선이 정면(연구 대상자를 응시하는 것처럼)을 향하고 있는 사진과 다른 곳을 쳐다보고 있는 사진을 준비해 연구 대상자들에게 보여주고 그들의 뇌 활동을 비교했다. 그 결과, 사진 속 인물과 눈 맞춤을 했을 때 뇌의 보수계의 일부인 복측 선조체가 강하게 활성화되었다. 보수계란 도파민 신경 네트워크를 말한다.

따라서 호감도를 높이고 원만한 인간관계를 형성하는 데 눈 맞춤은 큰 도움이 된다. 구체적인 눈 맞춤 요령 네 가지를 소개한다.

도파민 신경 네트워크를 자극하는 눈 맞춤

눈 사이를 쳐다보기

상대의 눈을 똑바로 보기가 껄끄럽거나 마주 보는 일이 익숙하지 않아서 부끄럽다면 눈이 아닌 눈썹과 눈썹 사이, 눈과 눈 사이 또는 상대의 코 주변을 응시하면 좀 더 쉽게 눈을 맞출 수 있다. 꼭 상대의 눈을 쳐다보는 것만이 눈 맞춤은 아니다.

1초로 시작해 늘려가기

영국의 심리학자 마이클 아가일Michael Argyle의 연구에 따르면, 두 인물이 대화를 나눌 때 상대를 보는 시간은 전체 대화 중에 약 30~60퍼센트를 차지한다. 그중 눈 맞춤을 하는 순간이 10~30퍼센트 정도 되는데, 상대에게 특별한 감정이 없는 경우에는 눈을 맞추는 경우가 단 한 번에 그쳤고 길어봤자 1초를 넘기지 않았다고 한다.

이야기하는 도중에 상대방과 눈을 맞출 타이밍을 찾기가 어렵다면 중요한 부분, 꼭 전하고 싶은 메시지를 말하는 순간에 단 1초라도 똑바로 눈을 마주하자. 눈으로 다짐을 받듯이 말이다. 그 1초의 눈 맞춤이 말에 무게감을 실어줄 것이다.

눈으로 기분을 전하기

눈은 입만큼 많은 것을 말해준다고 한다. 그 말대로 당신의 기분과 감정은 눈에 고스란히 드러나기 마련이다. 눈 맞춤을 통해 당신의 감정을 상대방에게 전할 수 있다.

가령 클라이언트와 상담할 때 '이 상품이 얼마나 대단한지 몰라요!'라고 내내 눈으로 호소하면서 말하면 실제로 그 마음이 상대방에게 전해진다. 연인과 대화할 때 좋아하는 감정을 눈에 온전히 담으면 관계는 더 깊어진다.

그러나 반대로 '관심 없음', '재미없음' 같은 속마음도 그대로 드러나니 주의가 필요하다.

경청할 때도 눈을 보기

상대에게 말을 걸 때는 쉽게 눈을 맞추지만 막상 듣는 입장이 되면 눈 맞춤에 소홀한 사람이 있다.

상대방이 말할 때 그 사람의 눈을 보면 '나는 당신에게 관심이 있습니다', '당신의 이야기를 관심 있게 듣고 있습니다'라는 비언어적 신호가 된다. 여기에 고개를 끄덕이는 동작을 더하면 더욱 긍정적인 신호를 보낼 수 있다.

눈 맞춤을 잘하면 깊이 있는 커뮤니케이션을 할 수 있다. 처음에는 어려울지도 모르지만 조금씩 연습해서 익숙해지자.

눈 맞춤을 하는 4가지 요령

눈 사이를 본다

상대의 눈썹과 눈썹 사이, 눈과 눈 사이, 코 주변을 보면 편하다

중요한 순간에 1초간 눈을 마주친다

꼭 전하고 싶은 내용을 말할 때 1초간 눈을 똑바로 마주 본다

눈으로 마음을 전한다

기분과 감정은 눈에 드러난다

이야기를 들을 때도 눈을 본다

고개를 끄덕이는 동작을 더하면 더욱 좋다

딱 한 번, 1초간만 흘깃 봐도 효과가 있다.

06

화법 개선

직설적으로 말하면 변화를 이끌지 못한다

부하 직원에게 불가피하게 잔소리를 해야 하거나 상사에게 사고 발생을 보고하는 등 다른 사람에게 나쁜 소식을 전하는 일은 누구에게나 내키지 않는다.

상대방에게 달갑지 않은 내용을 전할 때 충격을 최소화해 전달하는 방법이 있다. 바로 쿠션 화법이다.

| 부정적인 화법 |

No But 화법

쿠션 화법을 설명하기 전에 쓰면 안 되는 화법에 대해 먼저 이야기하겠다. 바로 'No But 화법'이다. "최근에 지각을 자주 하네요? 기

No But 화법

껏 매출 실적이 오르고 있는데 다 망치고 있잖아요"처럼 나쁜 소식을 먼저 전하고 그다음에 긍정적인 내용을 언급하는 화법이다.

단도직입적으로 나쁜 소식을 꺼내면 상대방은 정신적으로 충격을 받아서 뒷부분은 듣는 둥 마는 둥 하게 된다. 나중에 아무리 좋은 말을 해도 상대방에게는 잘 전해지지 않는다. 따라서 이는 부정적인 인상만 강렬하게 남기고 상대방을 의기소침하게 만드는 화법이다. 안타깝게도 현실에서 많은 상사가 이런 화법을 구사한다.

| 쿠션 화법 |

Yes But 화법

쿠션 화법의 대표적인 예는 'Yes But 화법'이다. 나쁜 소식을 직접적으로 전하지 않고 말에 쿠션을 넣는다. "최근에 매출 실적이 많이 올랐군요. 정말 애썼어요. 다만 잦은 지각이 문제가 되고 있어요. 시간 엄수 부탁할게요"와 같이 긍정적인 정보를 먼저 언급한다. 상대방이 잘한 점을 칭찬해서 긍정적인 분위기를 만든 다음 나쁜 뉴스를 전하는 것이다. No But 화법의 순서를 거꾸로 하기만 해도 상대방이 받는 심리적 타격은 상당히 완화된다.

Yes And 화법

“~해줬으면 좋겠어”라고 부드럽게 전하면 상대의 마음이 열린다

Yes And 화법

더 부드럽게 전하고 싶다면 플러스 정보에 플러스 정보를 더해 상승작용을 일으키는 ‘Yes And 화법’을 쓸 수 있다. “최근에 매출 실적이 많이 올랐어요. 정말 고생 많았습니다. 거기에 시간만 지켜주면 더 바랄 게 없겠어요”처럼 말이다. 꾸짖거나 결점을 지적하기보다 “~해줬으면 좋겠어요”, “~할 수 있으면 좋겠어요”라고 덧붙이면 부드럽게 의도를 전할 수 있다.

Yes How 화법

마지막으로 더더욱 부드럽게 전달하고 싶다면 ‘Yes How 화법’이 있다. “최근에 매출 실적이 오른 점, 정말 애썼어요. 어떻게 하면 더 좋아질지 같이 생각해볼까요?”처럼 나쁜 뉴스를 직접 전하지 않고 의문문 형식으로 상대방에게 생각할 시간을 주는 방법이다. 결과적으로 “지각을 줄이고 시간을 엄수하겠습니다”라는 대답이 본인 입에서 나올 때까지 말이다.

행동을 바꾸려면 우선 스스로 깨쳐야 한다. 상대방에게 반갑지 않은 정보를 곧바로 전해버리거나 타박하면 ‘내가 언제 그렇게 지각을

Yes How 화법

스스로 깨우치게 하면 행동을 개선시킬 수 있다

많이 했다고!'라면서 부인하는 감정이 먼저 솟아오르고, 상사의 조언을 순순히 받아들이지 못할 것이다. Yes How 화법은 부하 직원이 스스로 잘못을 인식하고 행동을 개선하게 만드는 아주 효과적인 방법이다.

여기까지 읽고 너무 어렵다고 느끼는 사람도 있을 것이다. 그렇다면 최소한 나쁜 뉴스를 곧바로 전하는 No But 화법만은 쓰지 않기를 바란다. 이것만 지켜도 상대방이 받을 타격은 확연히 줄어든다.

무엇이든 단도직입적으로 꺼내는 것만이 아웃풋은 아니다. 상대방에게 나의 의도가 잘 전해지도록 때로 변화구를 주고받는 것도 중요하다.

POINT

직구보다 변화구의 힘이 세다.

인사하기

인사는 상대를 인정한다는 신호다

아파트에서 이웃을 마주쳤을 때 인사를 먼저 건네도 반응이 돌아오지 않을 때가 종종 있다. 인사는 가장 기본적인 커뮤니케이션이다. 먼저 인사를 해서 말문을 트면 더 깊이 있는 대화를 나눌 수 있다. 뿐만 아니라 친밀도도 높아진다. 인사는 '당신과의 교류를 환영합니다'라는 긍정적인 심리적 신호로, 인사를 하지 않으면 '당신과의 교류를 환영하지 않아요'라는 부정적인 인상을 남길 수 있다.

심리학에서는 상대방의 존재를 인정하고 인정받는 의사소통의 기본 단위를 '스트로크stroke'라고 한다. 긍정적인 스트로크의 대표적인 예가 바로 인사다. 심리학자 에릭 번Eric Berne은 "인간은 누구나 스트로크를 갈구하며 산다"라고 말했다.

인사의 효과

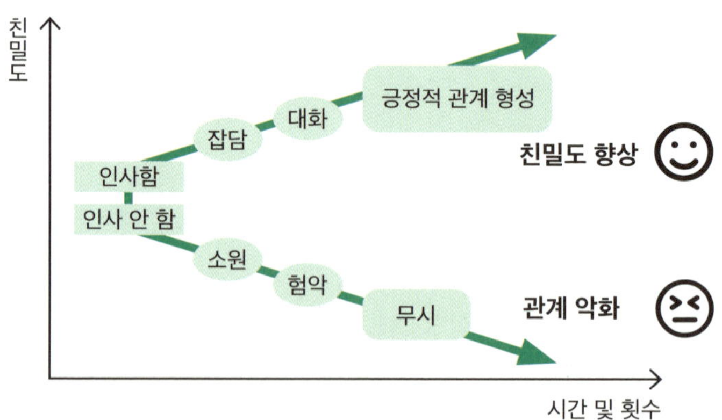

인사는 활기차게!

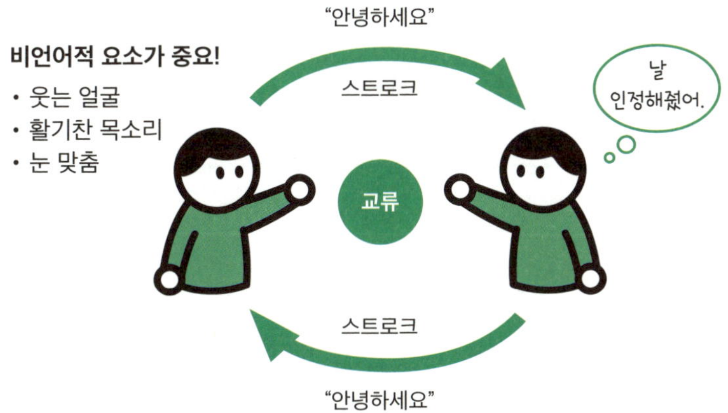

테니스 기술 중에도 스트로크가 있는데, 공을 치거나 상대방의 공을 받아넘기는 데 활용되는 기술이다. 인사는 이처럼 상대방과 눈에 보이지 않는 공을 주고받으면서 스트로크를 나누는 것으로, 다른 말로 '교류한다'라고 표현할 수 있다. 인사는 심리학적인 측면에서도 교류의 기본이 되는 행위다.

이처럼 인사는 많은 이점이 있다. 상대를 인정하고 반겨주는 느낌을 전달해 상대방의 기분은 물론 내 주변의 분위기도 좋아진다. '사회성 좋은 친절한 사람'으로 인식되는 건 당연하다.

단, 인사를 할 때는 비언어적 커뮤니케이션을 특히 신경 써야 한다. 뚱한 표정과 어두운 목소리로 "안녕하세요"라고 인사해봤자 분위기만 가라앉을 뿐이다. 웃는 얼굴로 활기차게 눈을 맞추면서 "안녕하세요!"라고 말하면 인사의 효과가 최대로 발휘된다.

어두운 표정으로 인사하는 것은 안 하느니만 못하다.

잡담하기

대화는 내용보다 횟수가 중요하다

직장 동료, 친구, 연인, 가족과의 의사소통에서 잡담이 중요하다는 것은 많은 사람이 공감할 것이다. 하지만 더 깊은 관계를 맺으려고 대화를 나누려고 해도 무슨 말을 해야 좋을지 모르겠다거나 재미있게 말을 못해서 걱정이라는 사람이 많다.

다행스럽게도 심리학의 '단순 노출 효과'에 따르면 잡담은 내용보다 횟수가 더 중요하다. 미국의 심리학자 자욘스Robert Zajonc는 1968년에 다음과 같은 실험을 했다. 피실험자에게 10명의 인물 사진을 사진마다 횟수를 다르게 설정해서 보여준 후에 각 사진의 호감도를 평가받았다. 그 결과, 많이 노출된 사진의 인물일수록 호감도가 높았다. 이처럼 접촉(노출) 횟수가 늘어날수록 호감도가 높아지는 것을 단순 노출 효과라고 한다.

스몰톡을 하려고 해도 할 말을 필사적으로 생각하다가 결국에는 입을 닫아버리는 사람이 많다. 하지만 커뮤니케이션은 내용보다 횟수가 중요하다. 꼭 재미있는 이야기를 해야 한다는 부담을 지고 있다면 어깨에 힘을 빼고 일단 말을 걸어보자.

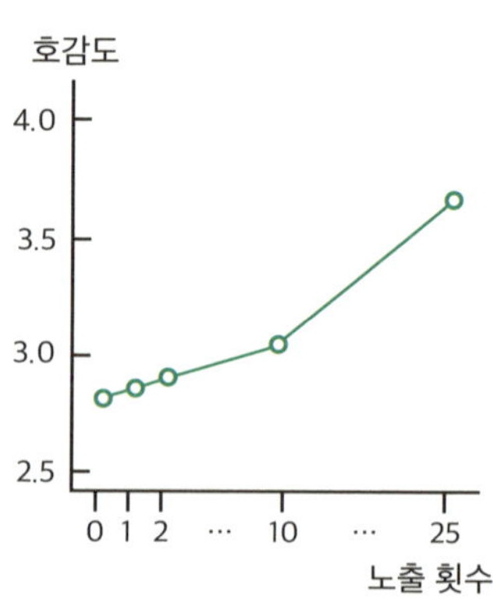

너무 바빠서 '한 달에 한 번 다 같이 외식을 하는 것으로 충

나쁜 예

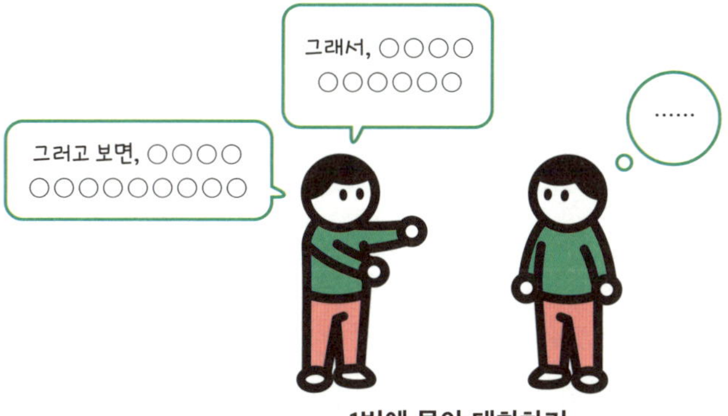

1번에 몰아 대화하기

좋은 예

하루에 한마디씩 대화하기

분하겠지'라고 생각하는 사람이 있을지도 모르겠다. 그러나 한 달에 한 번 가족 모임을 가지는 것보다 하루에 5분씩 나누는 대화가 훨씬 친밀한 관계를 만들어준다.

POINT

하루 5분 대화가 친밀한 관계를 만든다.

"이 책을 왜 읽는가?"에 답해보라

질문하기는 아웃풋을 하는 가장 간단하면서도 효과적인 방법이다. 특히나 타인에게 하는 질문도 좋지만 자기 자신에게 질문하면 뇌가 몰라보게 활성화해서 필요한 정보를 모아준다.

이와 관련한 연구 결과가 있다. 심리학자 리디거Roediger는 피실험자들에게 아프리카의 수도를 기억하도록 했는데, 한 그룹에는 오지선다 테스트를 주고 다른 그룹에는 그냥 암기하도록 지시했다. 다음 날 각 그룹에 속한 사람들이 얼마나 잘 기억하는지를 다시 테스트했더니 사전 테스트를 받은 그룹이 10~20퍼센트나 높은 득점을 받았다. 질문을 활용해 공부했더니 암기 효율이 대폭 상승한 것이다.

내가 운영하는 세미나에서는 시작 전에 반드시 간단한 설문 조사를 한다. 예를 들어 '아웃풋 능력 양성 강좌'를 열었을 때는 "여러분이 아웃풋에 관해 가장 고민하는 것은 무엇입니까?", "오늘 세미나에서 여러분이 가장 배우고 싶은 것은 무엇입니까?" 같은 질문이 포함된 설문지를 참가자 전원에게 돌려서 대답을 들은 뒤 강연을 시작했다. 이렇

사전 테스트 효과

사전 테스트 +	암기 학습 →	다음 날 테스트	10-20% 고득점
	암기 학습 →	다음 날 테스트	

게 시작 전에 '무엇을 가장 배우고 싶은가?'를 스스로에게 질문하고 답하도록 유도하면 참가자들은 강의 내용에 더욱 주의를 기울인다.

'칵테일 파티 효과'라는 심리학 용어가 있다. 다음 상황을 살펴보자. 백 명 이상이 참가하는 연회장은 대화를 나누는 사람들로 북적이고 아주 소란스럽다. 그 와중에 어딘가에서 "가바사와"라는 이름을 언급하는 소리가 들린다면? 그 난리통에도 "앗, 어디서 내 얘기를?"라면서 재빠르게 반응할 것이다. 이렇게 인파들로 북새통을 이루는 가운데서 자신의 이름이나 관심 있던 주제가 자연스럽게 들리는 현상을 칵테일 파티 효과라고 한다.

또 뇌의 기능 중에는 선택적 주의Selective Attention라는 것이 있다. 구글 검색을 하듯 뇌에 미리 단어를 입력해두면 주변의 막대한 소음 한가운데서도 그 단어에 관한 정보가 선택적으로 귀에 들리는 것이다. 이 선택적 주의를 발동시키기 위해 사전에 단어를 입력하는 과정이 바로 '질문'이다. 선택적 주의를 잘 활용하면 공부 효율이 대폭 향상된다. 비즈니스 관련 서적을 사서 읽는다면, 읽기 전에 "나는 이 책에서 무엇을 가장 배우고 싶은가?"라고 자문하고 종이에도 써보자.

당신은 왜 이 책을 읽고 있는가? '효율적으로 아웃풋하고 성과를 내는 방법을 알고 싶다', '필력을 기르고 싶다' 등 목적은 다양하리라 생각한다. 목적을 제대로 파악하기만 해도 뇌에서는 '선택적 주의'가 발동되어 책 속에서 필사적으로 답을 찾으려 할 것이다. 그러면 당신이 배우고 싶었던 정보가 절로 흡수되어 기억에 잘 남게 된다.

공부를 시작하기 전에 "무엇을 배우고 싶은가?"라고 스스로에게 질문해보자. 이것만 해도 공부가 훨씬 잘된다.

POINT

학습 전에는 스스로 질문해
뇌의 선택적 주의 반응을 끌어내라.

타인에게 질문

어떤 질문을 하든 당신에게 손해는 없다

"질문 없습니까?" 내가 여는 세미나에서는 마지막에 꼭 질문을 받는다. 질문하는 사람들이 많으면 아주 기쁘고, 그렇지 않으면 실망한다.

사람들은 대부분 자기 자신의 의문을 해결하기 위해 질문한다고 생각하지만, 사실 질문을 받은 사람도 큰 기쁨을 느낀다. 질문은 보편적으로 사람을 기쁘게 하고, 상대를 위해 하는 것이기도 하다.

가령 회의 중에 아무도 질문하지 않으면 논의가 깊어지지 않은 채 다음으로 넘어간다. 반면에 적절한 질문을 하면 논의가 활발해지고 다양한 아이디어가 도출된다. 결과적으로 모두에게 큰 이득을 가져다준다. 게다가 질문은 자체로 커뮤니케이션의 윤활제가 된다. 질문을 주고받으면서 서로 간에 이해가 깊어지면 관계도 더 좋아진다.

그리고 질문을 하면 주변 사람들에게 '열심히 공부하고 있구나', '적극적인 사람이구나'라는 좋은 인상을 남길 수 있다. 어떤가, 질문하면 좋은 일만 생기지 않는가? 그러니 누가 "질문 없나요?"라고 물으면 앞장서서 손을 들자. 질문을 하는 네 가지 요령이 있다.

무슨 질문을 할지 미리 생각하면서 듣기

"질문 없습니까?" 아무 생각이 없다가 갑자기 지목을 받으면 당황해서 이상한 질문을 하게 된다. 그렇게 되지 않도록 평소에 늘 무슨 질문을 할지 생각하면서 듣는 습관을 들이자. 회의나 세미나에서 언제 지목을 받아도 질문할 수 있도록 세 가지 정도 준비해두는 것을 추천한다. 그러면 집중력도 높아진다.

적절한 질문을 하는 요령

상대방이 기뻐할 만한 질문을 떠올리기

상대방이 언급한 내용, 미처 하지 못한 말을 떠올리면서 질문하면 상대방이 놀라고 감사하면서 기꺼이 대답해줄 것이다.

참가자가 기뻐할 만한 질문을 하기

이야기가 오가는 중에 참석자 대부분이 똑같은 의문을 가지는 순간이 종종 있다. 그럴 때는 당신이 대표로 나서서 질문하자. 그러면 다른 참가자 또한 "저도 궁금했어요"라면서 당신에게 고마워할 것이다.

논의가 깊어지는 질문을 하기

대부분 질문은 둘 중 하나에 속한다. 논의가 깊어지는 질문 또는 논의에서 벗어난 질문. 흐름에 편승해서 주제를 더 깊이 파고드는 질문을 하면 대화는 더욱 깊어지고 내용을 더 잘 이해할 수 있을 것이다.

POINT

질문은 좋은 인상을 남기고 논의를 활발하게 만든다.

기브 앤 테이크가 아닌 기브 앤 기브를 하라

상대방이 불쾌해하지 않으면서 흔쾌히 받아들이도록 의뢰하고 부탁하는 방법을 알아두면 아주 편리하다.

'반보성의 법칙'이라는 심리학 용어가 있다. 상대방이 친절을 베풀었을 때 저절로 보답해야 한다는 마음이 생기는 것을 나타내는 말이다.

예를 들어 밸런타인데이에 초콜릿을 받으면 화이트데이에 답례해야겠다는 생각이 드는 것도 반보성의 법칙이다. 백화점 지하 식품관에서 시식하고 나서 왠지 사야할 것 같은 기분에 사로잡혀 제품을 들어올리는 것도 마찬가지다.

따라서 다른 사람에게 무언가를 부탁할 때는 일방적으로 받기보다는 내가 먼저 상대를 위해 행동하는 '기브give'의 정신으로 대하는 것이 좋다. 평소에 친절하게 대하면 어느 순간 상대는 보답해야 한다는 마음을 절로 가지게 된다. 그 타이밍에 부탁을 꺼내면 상대방

반보성의 법칙

인간은 누가 친절하게 대해주면 보답하고 싶어 한다

기브 앤 기브의 정신

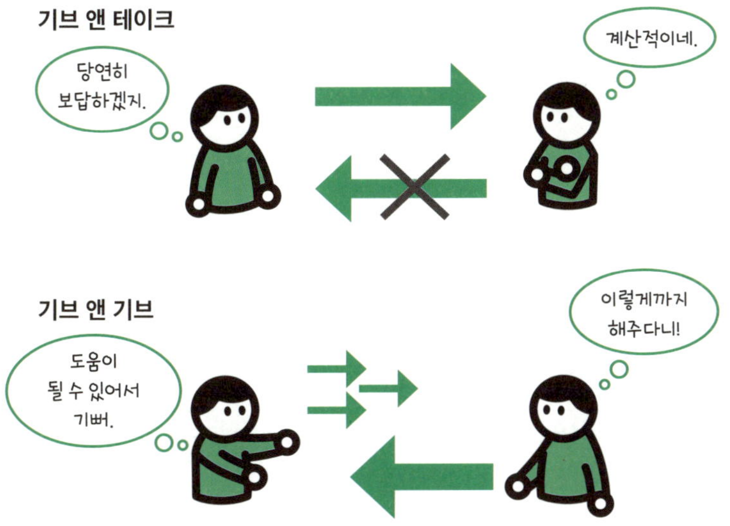

이 받아줄 확률이 높다.

주의해야 할 점은 기브 앤 테이크가 아니라 기브 앤 기브의 정신으로 대하는 것이다. 처음부터 보답을 기대하고 친절을 베푼다면 언젠가 들통나기 마련이다. 기대하면 할수록 보답은 돌아오지 않고 실망만 커질 뿐이다.

'내가 원하기 때문에 준다'라는 마음으로 상대방을 대하면 당신이 곤경에 처했을 때 분명 도와주려고 나서는 사람들이 나타날 것이다.

POINT

평소 계산하지 말고 친절을 베풀어라.

거절하기

거절할수록 다양한 기회가 열린다

"상대의 기분이 상할까 봐 거절을 잘 못합니다", "거절하고 괜히 불편해질 바에는 그냥 받아들입니다"라는 사람이 많다. 이처럼 대부분의 사람은 거절을 잘 못한다. 하지만 단호하게 거절하는 데 익숙하지 않다면 당신의 귀중한 시간은 야근이나 휴일 출근, 별로 가고 싶지 않은 술자리에 한없이 빼앗길 것이다.

상사의 잔업 부탁을 거절하면 승진과 앞으로의 회사 생활에 부정적인 영향이 있을 거라는 생각이 들지도 모르겠다. 하지만 잘 생각해 보라. 당신이 다니는 회사에서는 상사의 부탁을 거절하지 못하는 만만한 사람이 승진하는가? 보통의 경우 일을 잘하는 사람이 승진한다.

거절을 잘 못하는 사람은 자신이 정말로 하고 싶은 일에 에너지와 시간을 쏟아붓지 못한다. 휴식과 수면, 가족과 보내는 시간도 덩달아 줄어든다.

거절을 잘하는 사람과 못하는 사람의 차이

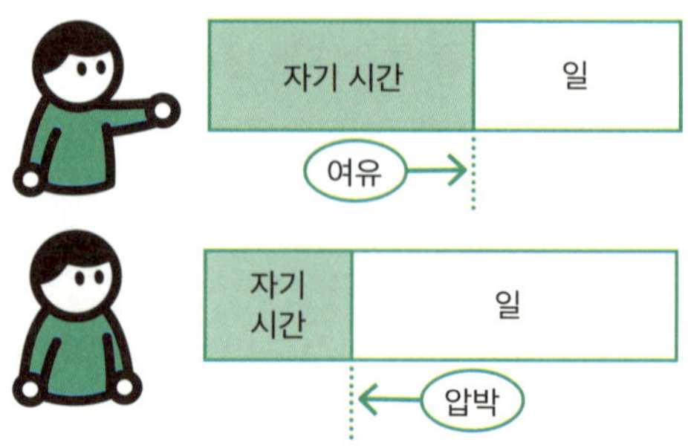

거절의 효과

거절하지 못하면 생기는 일	거절해서 좋은 점
• 소중한 시간을 무한대로 빼앗긴다. • 수면, 휴식 시간이 줄어서 초췌해진다. • 부탁을 받으면 무엇이든 받아줘서 주변 사람들이 만만하게 여기기 시작한다. • '하고 싶지 않은 일'을 부탁하는 사람이 늘어난다. • 스트레스가 쌓인다. • 필사적으로 야근과 휴일 출근을 하지만 결국 승진하지 못한다.	• 자신을 돌볼 시간이 늘어난다. • 본래 해야 할 일에 에너지와 시간을 집중할 수 있다. • 주변에서 의지가 강한 사람으로 본다. • 내가 진정으로 하고 싶은 일을 부탁하는 사람이 늘어난다. • '거절하니 괜히 미안하다'라는 죄책감이 사라진다. • 마음이 홀가분하다. • 스트레스가 사라진다. • 자기계발에 쓸 시간이 늘어나고 정시에 퇴근해도 충분한 성과를 낼 수 있다.

즉 거절을 못 하면 불행한 인생을 살게 된다. 딱 죽기 직전까지 바빠져서 잠을 적게 자거나 건강을 해치고 나서야 어쩔 수 없이 거절하게 되는데, 그럴 거면 처음부터 거절하는 게 낫다.

혼자 사업을 운영하는 사람 중에는 일을 거절하면 일거리가 줄어들거나 다음에는 일이 들어오지 않을 거라고 걱정하는 사람이 많다. 하지만 아이러니하게도 일은 거절할수록 늘어난다. 수락하지 못할 정도로 일이 쇄도한다면 그만큼 인기가 있다는 증거와 마찬가지니 말이다.

레스토랑에 전화했는데 3개월 후까지 예약이 꽉 차 있다면 '벌써 예약이 꽉 찼다니, 엄청 맛있나 봐'라는 생각에 더욱 가고 싶어진다. 이 심리와 다르지 않다. 그러니 거절해야 할 때는 단호히 거절하라. 그러면 삶에 다른 기회가 더 찾아올 것이다.

POINT

거절하지 못하면 인생의 주인으로 살 수 없다.

13

거절의 기술

우선순위에 따라 거절하라

거절을 잘하려면 어떻게 해야 할까? 제일 먼저 자신의 인생에서 우선순위를 정해야 한다. 가정을 우선시한다면 주말은 가족과 보내는 시간이라고 원칙을 정할 수 있다. 확실한 기준이 있다면 "급한 일이 들어와서 그러는데, 일요일에 일해줄 수는 없을까요?"라는 요청을 받아도 망설이지 않고 거절할 수 있다.

나는 해마다 12개의 연간 목표를 세운다. 그닥 내키지 않는 의뢰가 들어오면 '내가 세운 연간 목표에 적합한지'를 자문자답해서 맞지 않는 일이라고 결론이 나면 단번에 거절한다. 강연료가 아무리 높더라도 말이다. 연간 목표에 맞지 않는 일을 받는다는 것은 그만큼 내가 설정한 목표와 관계없는 일에 시간을 빼앗긴다는 뜻이다. 즉 연간 목표를 실현하는 데 부정적인 영향을 끼치게 된다.

거절할 때는 망설임 없이 거절하는 것이 중요하다. "아, 그게…"라면서 조금이라도 망설이는 모습을 보이면 상대방은 빈틈을 치고 들어올 것이다. 망설임은 '거절할 명확한 이유가 없다'라는 것을 상대에게 비언어적으로 알리는 것과 마찬가지다. 주저하지 않고 바로 거절해서 확고한 의사와 원칙이 있음을 보여주자.

상황에 따라 판단하는 것도 좋지 않다. 늘 우선순위를 염두에 두고 되도록 같은 기준으로 판단하라. "이번만 특별히 부탁해"라는 말에 휘둘려서는 안 된다. 자칫하다가 '이번만'이 영원히 반복될 수 있다.

게다가 상황에 따라 판단하면 "A씨의 부탁은 들어주는데 왜 내 부탁은 들어주지 않는 거야"라면서 따지는 사람이 나타나서 문제가

거절하는 기술

1. 우선순위를 정한다.

중요도에 따라 순위를 정하자.
'가족>잔업'이라고 정했으면 이에 따른다.

2. 망설이지 말고 거절한다.

망설이면 명확한 원칙이 없는 사람으로 보인다.

3. 상황에 따라 판단하지 않는다.

공평하게 거절해야 혹시 모를 문제가 발생하지 않는다.

4. 거절의 공식

사과 또는 감사+이유+거절+대안의 순서로 표현하라.

될 수도 있다. 자신만의 확고한 기준을 가지고 공평하게 거절한다면 큰 문제는 발생하지 않을 것이다.

한편 상대방의 기분을 상하게 할까 봐 지나치게 걱정해서 거절하기 어려워하는 사람도 있다. 그럴 때는 거절하는 공식을 활용할 수 있다.

그 공식은 바로 '사과 또는 감사+이유+거절+대체안'이다. 가령 누가 잔업을 부탁했을 때 이렇게 말할 수 있다. "미안해요. 저한테 맡겨주시다니 정말 고맙습니다. 다만 오늘 아이를 학원에 데리러 가야 해서 어려울 것 같아요. 내일 오전에는 가능한데 어떠세요?"

먼저 쿠션이 될 만한 사과 또는 감사의 메시지를 담아 이유를 말하고, 결론에 해당하는 거절의 메시지는 되도록 마지막에 말한다. 똑같은 거절의 말이라도 이 공식을 잘 활용하면 아무도 기분이 상하지 않고 성의 있게 거절하는 일이 가능하다.

POINT

사과의 말을 전하고 감사, 이유, 거절, 대안의 순서로 답하라.

긴장한다면 잘할 것이라는 뜻이다

“발표에 자신 없어요”라고 말하는 사람은 대개 긴장 상태를 못 견뎌 한다. 긴장감을 싫어하는 사람의 비율이 전체의 88퍼센트에 달한다는 조사 결과도 있으니 말 다했다. 긴장감을 잘 다룰 수 있으면 프레젠테이션이 아주 편해진다. 발표를 더 잘하게 되는 건 당연하다.

긴장을 경계하는 사람은 긴장되는 순간이 오면 “아, 긴장돼. 어떡하지”라면서 아주 질색하는 반면, 프로 운동선수들은 “긴장을 즐긴다”라고 자주 말한다. 그렇다면 긴장감은 적일까, 아군일까? 이 논의는 이미 100년 전에 결론이 났다.

생리학자 로버트 여키스Robert Mearns Yerkes와 존 도슨John Dillingham Dodson 박사는 1908년에 실시한 연구에서 검은색과 흰색 표시를 구별할 수 있도록 생쥐를 훈련시키고 구별하지 못하면 전기 충격을 가

여키스-도슨 법칙

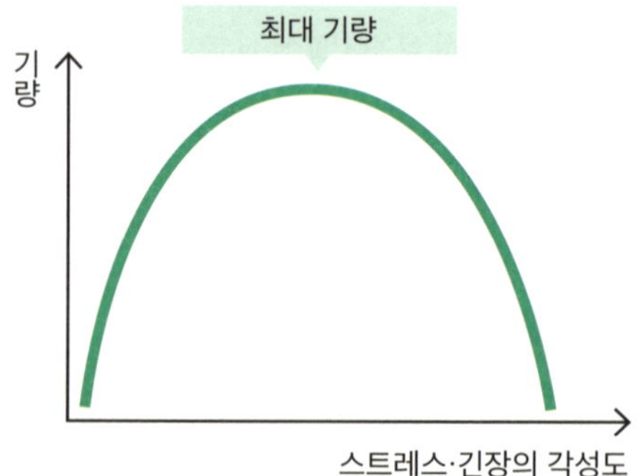

긴장감을 내 편으로 만들자

하면서 학습을 재촉했다. 그 결과, 생쥐들은 전기 충격을 적당히 가했을 때 가장 빠르게 학습했고, 전기 충격이 너무 약하거나 강하면 학습 능력이 떨어졌다. 이를 통해 기량이 상승하기 위해서는 체벌이나 스트레스, 긴장 등의 불쾌감이 일정량 수반되어야 하나, 스트레스가 너무 강하거나 약해도 기량이 떨어진다는 사실을 알 수 있다.

즉 어느 정도의 긴장 상태는 일을 수행하는 데 도움이 된다. 적이 아니라 아군이 될 수 있다는 뜻이다. 적당히 긴장했을 때만 분비되는 노르아드레날린이라는 물질이 집중력과 판단력을 높여서 뇌의 작용을 비약적으로 상승시키기 때문이다.

그러니 긴장을 느끼면 "좋아, 적당히 긴장되는군. 왠지 오늘 발표를 더 잘할 수 있을 것 같은데?"라고 조용히 속삭이자. 그러면 정말로 적당한 긴장감이 높은 기량을 발휘하도록 돕고, 당신은 당당하게 프레젠테이션을 끝낼 수 있을 것이다.

POINT

긴장했을 때 분비되는 노르아드레날린이 집중력을 높인다.

토론하기

말 잘하는 사람이 아닌 준비하는 사람이 이긴다

주입식 교육이 흔한 나라의 성인들은 논의하고 토론하는 문화에 익숙하지 않다. 반면에 미국인들은 대개 토론을 잘하는데, 초등학교 시절부터 토론 수업을 받아서 그에 대한 역량과 자신의 의견을 말하는 힘을 기르기 때문이다. 의견을 말하는 데 익숙하지 않은 사람도 연습을 통해 얼마든지 잘할 수 있다. 그 방법에 대해 함께 살펴보자.

꾸준히 연습하기

태어나면서부터 토론을 잘하는 사람은 없다. 잘하느냐 못하느냐는 '얼마나 많은 토론 경험을 쌓았는가'로 결정된다. 즉, 연습만 하면 누구나 잘할 수 있다.

단, 회사의 방침같이 자신들의 이해관계가 얽힌 문제로 격렬하게 토론하다 보면 감정적인 응어리가 남을 가능성이 있다. 그러니 처음

가벼운 주제를 정해서 토론 연습하기

주제

책, 영화, TV 드라마, 맛집, 화제의 장소 등 토론 경험치를 올리는 것은 무엇이든 좋다.

토론과 감정을 분리하기

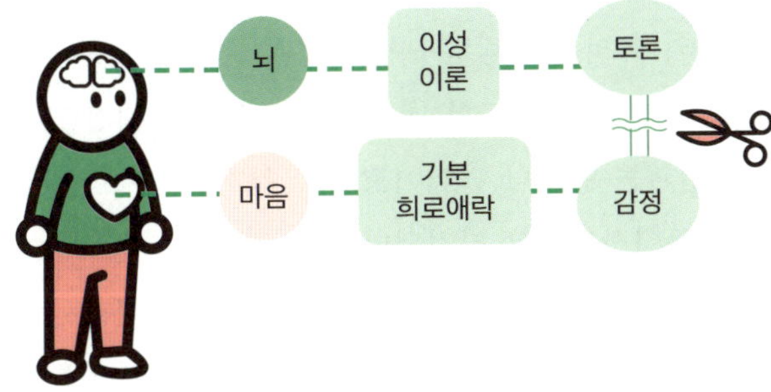

에는 일과 관계가 없는 화제로 토론 연습을 시작하자. 가령 책이나 영화, 텔레비전 드라마 등을 주제로 가볍게 의견을 나누기를 추천한다. 아웃풋도 겸할 수 있어 작품에 대한 이해가 깊어지는 데다, 생각보다 즐겁게 연습할 수 있다.

토론과 감정을 분리하기

앞에서 격렬한 토론은 감정적인 응어리를 남길 수도 있다고 썼다. 그 이유는 방법이 잘못되었기 때문이다. 토론의 논제가 회사의 방침인 경우를 예로 들어보자. '회사를 위해서'라는 공통의 목적을 두고 논의하는 것임에도 앙금이 남는다니, 아무리 생각해도 이상하다.

토론과 감정은 분리되어야 하며 이 또한 훈련이 필요하다. 맹렬하게 토론을 펼쳤다 하더라도 끝나고 나서는 웃는 얼굴로 서로의 건투를 빌 수 있어야 한다. 명심하라, 토론과 감정은 늘 별개다.

흐름을 예상하기

회의에 참석했는데 갑자기 새로운 화제가 끼어들어 예상하지 못했던 토론이 갑자기 시작된다? 그런 일은 거의 일어나지 않는다. 보통 사전에 의제와 의안, 자료 등이 배포되기 때문이다. 즉 그날 회의에서 무엇에 대해 논의할지 미리 알고 오는 경우가 대부분이다. 따라서 회의 전에 흐름을 상정해서 도중에 나올 법한 논점과 질문을 예상하고 사전에 대책을 마련해두면 좋다.

의외로 논의가 서툰 사람일수록 사전에 준비를 소홀히 하고 토론을 잘하는 사람일수록 자료와 데이터를 열심히 준비한다. 그 말인즉슨, 토론의 결과는 얼마나 달인이고 달변인지보다 사전에 얼마나 용의주도하게 준비하느냐로 결정된다.

그러니 회의를 앞두고 있다면 사전에 논의의 흐름을 예측하고 철저히 항전할 수 있는 자신만의 무기, 즉 자료와 데이터를 충분히 준비하자.

예상 문답집 작성하기

한 가지 추천하고 싶은 방법은 예상 문답집, Q&A 모음집을 만드는 것이다. 회의에 나올 법한 질문을 글로 정리해두자. 그러면 갑자기 질문을 받아도 즉석에서 적절하게 대답할 수 있다.

그렇다면 예상 문답집은 몇 문제 정도 만들어야 할까? '10-30-100의 법칙'을 참고하면 좋다. 내가 강연과 세미나를 수백 번 넘게 진행하면서 주고받은 질의응답과 토론을 통해 직접 도출한 법칙이다. 10문제를 만든다면 70퍼센트, 30문제를 만든다면 90퍼센트, 100문제를 만든다면 99퍼센트를 대비할 수 있다는 논리다.

하나의 의제에서 나올 수 있는 질문은 무한하지 않다. 처음 10개 정도는 만들기 쉽다. 이에 대해 자기 나름대로 답을 준비하면 된다. 10개만 준비해도 70퍼센트는 대비할 수 있다.

'남은 30퍼센트에서 질문이 나오면 어떻게 하지?'라면서 여전히 긴장된다면 30문제로 된 문답집을 작성하자. 그럼 90퍼센트 이상 대비할 수 있다. 남은 10퍼센트가 걱정되는 사람은 100개까지 준비해도 좋지만, 보통은 30개만 되어도 충분하다.

첫 발언으로 영향력 높이기

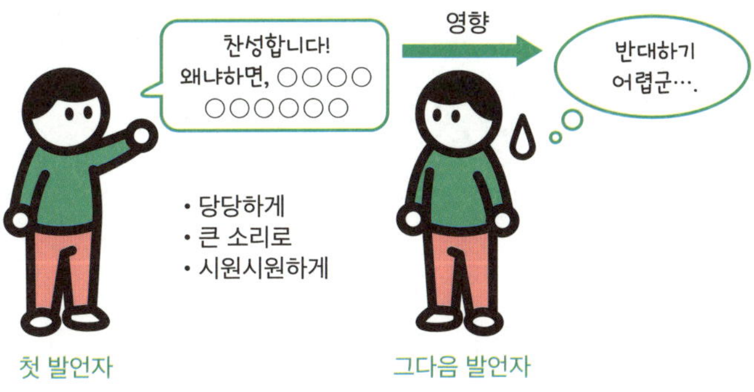

가장 처음 의견을 말하기

아무리 연습하더라도 토론이 능숙해지려면 시간이 꽤 필요하다. 토론을 잘하는 더 간단한 방법은 없을까?

여기, 아주 간단하면서도 효과가 절대적인 방법이 있다. 첫 번째로 의견을 말하기, 단지 이뿐이다. 심리학 실험에 따르면 회의의 흐름은 가장 먼저 나온 의견에 크게 영향을 받아서 결과적으로 처음에 언급된 의견으로 결정되는 경우가 많다. 아주 효과적인 심리 테크닉이다.

즉, 먼저 앞서서 자신의 의견을 똑 부러지게 말하기만 해도 토론은 당신에게 유리하게 흘러갈 것이다.

POINT

일상에서 가벼운 주제로 토론하는 연습을 하라.

상담하기

누군가에게 털어놓기만 해도 머릿속이 정리된다

어떤 사람들은 누군가에게 상담하는 것을 어려워한다. 자신의 약점을 드러내는 것 같아서 부끄러워 하기 때문이다. 아무리 힘들고 괴로워도 털어놓지 않고 마냥 참는다. 도저히 참을 수 없는 상태가 되면 그제야 상담사를 찾지만, 그때는 이미 늦어버리고 만다.

정신과 의사로서 '2개월만 빨리 상담하러 왔더라면 이렇게까지 심해지지 않았을 텐데'라는 생각을 얼마나 많이 했는지 모른다. 환자에게 "왜 더 빨리 상담하러 오지 않았습니까?"라고 질문하면 거의 같은 대답이 돌아온다. "상담해봤자 문제가 해결되지 않으니까요. 현실은 그대로잖아요."

그 말마따나 잦은 야근 때문에 엄청난 스트레스를 받고 있다면 보통은 회사를 그만두지 않는 한 계속 고통받을 거라고 생각할 것이다. 하지만 심리학적으로 이 생각은 전혀 맞지 않는다.

긍정심리학의 창시자인 마틴 셀리그만Martin Seligman이 진행한 실험을 보자. 각각 다른 우리에 들어간 생쥐 두 마리에게 가벼운 전기 충격을 주고 한 생쥐의 우리에만 전기 충격을 멈추는 레버를 달았다. 그리고 그 레버를 밟으면 양쪽 모두 전기 충격이 멈추도록 장치했고, 레버의 유무를 제외하고 전기 충격을 받은 빈도와 횟수는 똑같이 설정했다. 전기 충격을 몇 번 가하자 레버가 달린 우리 안의 생쥐가 전기 충격을 멈추는 방법을 학습했다. 자, 그렇다면 레버를 밟고 스스로 전기 충격을 제어할 수 있는 생쥐와 아무것도 하지 못하고 그저 겁먹은 생쥐 중에서 어느 쪽이 스트레스에 취약할까?

컨트롤할 수 있다고 느끼면 스트레스가 감소

컨트롤 가능군

정지 레버 ○ → 건강 이상 ×

컨트롤 불가능군

정지 레버 × → 궤양, 쇠약

결과적으로 똑같이 전기 충격을 받았더라도 아무것도 하지 못하는 생쥐가 궤양이 생기고 쇠약해지는 등 스트레스에 영향을 더 많이 받는 모습을 보였다. 즉, '컨트롤할 수 있다'라고 느끼면 그 영향을 덜 받는다는 것이다.

어려운 상황에 처했을 때, 이를 다른 사람에게 털어놓으면서 스스로 말하는 순서를 정리하면 복잡했던 머릿속이 개운해지고 해결 방법이나 방향성이 보이게 된다. 상담을 통해 컨트롤할 수 있다고 생각하는 것만으로도 불안과 스트레스가 사라진다.

실제로 음울한 표정으로 내원한 환자들 중에서도 상담을 시작하고 30분 만에 한결 가벼운 마음과 웃는 얼굴로 돌아가는 사람들이 많다. 현실은 무엇 하나 변하지 않았는데도 말이다.

'상담해봤자 아무것도 변하지 않는다'라는 생각은 완전한 착각이다. 누군가에게 털어놓기만 해도 불안과 스트레스를 없앨 수 있다.

POINT

말하면서 인과관계를 정리하다 보면 해결책도 보인다.

고통은 나누면 반이 된다

인내심이 강해서 아무리 힘든 상황이더라도 일단 참고 견디는 사람들이 있다. 너무 참으면 스트레스가 쌓이고 정신적으로도 좋지 않다.

힘들고 괴로운 마음을 토해내고 말로 표현하는 것만으로 치유의 효과를 얻을 수 있다. 아주 간단한 예로 어린아이가 주사를 맞고 "아야, 아야, 아파"라고 큰 소리로 표현하는 행위에는 아주 큰 의미가 있다.

다음 심리 실험을 살펴보자. 참가자들을 A, B 두 그룹으로 나누어 A그룹은 주사를 맞았을 때 "아야야, 아파!"라고 말하게 하고 B그룹은 아무 말도 하지 않고 조용히 참도록 지시했다. 실험 종료 후에 주사의 고통을 수치화해 평가한 결과, "아야, 아파"라고 말한 A그룹은 고통을 참고 견딘 B그룹에 비해 고통이 5분의 1 정도로 완화되었다. 그저 아프다고 표현만 해도 고통을 느끼는 정도가 대폭 누그러진다.

또 워싱턴의 암치료센터에서는 말기암 환자를 대상으로 20분이라는 정해진 시간 안에 '암이 자신의 인생에서 무엇을 바꿀 수 있는지

아프다고 표현하기의 스트레스 완화 효과

생각을 전부 말로 표현하기

다른 사람에게 털어놓거나
노트에 적기만 해도 마음이
정화된다.

- 괴로운 일
- 힘든 일
- 고통스러운 감정

그리고 그 변화에 대해 자신은 어떻게 생각하는지'를 기술하게 했다.

그 결과, 참가자의 49퍼센트가 "병에 대한 생각이 달라졌다"라고 대답했고 38퍼센트가 "현재 앓고 있는 병에 대한 생각이 달라졌다" 라고 응답했다. 특히 젊은 환자와 가장 최근에 암 선고를 받은 환자에게서 효과가 높았다. 이처럼 글과 말로 표현하기만 해도 아픔, 괴로움, 고통은 경감된다.

구체적으로 다른 사람에게 상담하거나 노트에 생각과 괴로운 감정들을 마구 적는 방법이 있다. 매일 일기장에 자신의 속마음을 털어놓고 마음의 독을 배출하자.

POINT

참는 게 능사는 아니다.
말하기만 해도 고통은 줄어든다.

관계 맺기

친한 친구는 3명이면 충분하다

"고민이 있으면 하루라도 빨리 다른 사람에게 털어놓고 의논하는 편이 좋습니다." 이런 조언을 하면 "상담할 사람이 없는 걸요"라는 대답이 자주 돌아온다. "그런 사람이 있으면 진즉에 털어놨죠"라면서 말이다. 상담할 상대는 평소에 관계를 잘 맺어놓고 연락을 자주 주고받는 사람이어야지, 막상 필요할 때 갑자기 짠! 하고 나타나지 않는다.

그렇다면 누구와 어떻게 연결되고 깊은 유대를 맺을 수 있을까? 사회학 연구에 따르면 인간관계는 여덟 가지 유형으로 분류된다. 이를 여러 겹의 원으로 표현했는데, 가장자리에 가까울수록 약한 유대감으로 연결된 다수를 중심으로 갈수록 유대가 강해지고 사람의 수는 적어진다.

가장 중심에는 단짝 친구, 고민을 털어놓을 수 있는 지인, 모임 동료가 포함되며, 그 수는 많아야 10명 남짓이라고 한다. 친한 친구와 의논 상대가 기껏해야 각각 5명이 안 되는 것이다.

SNS로 많은 사람들과 연결된 현대인은 수시로 메시지와 '좋아요'를 주고받는다. 하지만 15명이 넘는 사람과 동시에 깊은 관계를 맺기란 심리학·사회학적으로 불가능하다. 당신이 힘들어할 때 인스타그램으로 연결된 사람들이 정말 진지하게 고민을 들어줄까? 글쎄, 의논 상대로 여기기에는 만족스럽지 않을 것 같다.

친한 친구는 단 세 사람만 있어도 충분하다. 오래 알고 지낸 친구, 직장에서 친하게 지내는 동료, 취미를 공유하는 친구. 당신이 난관

인간관계의 8가지 유형

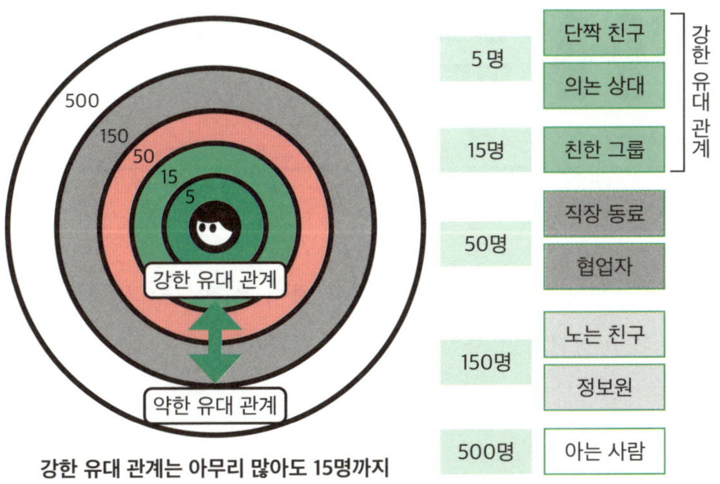

강한 유대 관계는 아무리 많아도 15명까지

에 부딪혔을 때 자기 일처럼 안타까워하고 가족처럼 이야기를 들어주고 도와주는 사람이 진정한 친구다. 수십 명과 알고 지낸다 해도 막상 곤란한 상황에 빠졌을 때 도움의 손길을 내미는 사람이 얼마나 될까? 그들은 그저 '노는 친구'에 불과하다.

따라서 약한 유대로 연결된 사람들의 기분을 맞추기 위해 당신의 귀중한 시간을 쓰는 것은 인생 낭비다. 나는 그저 그렇게 알고 지내는 100명과 한 번씩 만나는 것보다 강한 유대 관계로 맺어진 10명과 10번 만나는 것을 선호한다. 또한 강한 유대로 맺어진 몇몇 절친한 친구와 보내는 시간을 무엇보다 우선시한다. 약하게 연결된 사람들에게 쓰는 시간을 최소한으로 줄이고 강하게 연결된 지인들과 더 깊은 관계를 맺기 위해서다.

POINT

어려울 때 의논할 수 없는 사람들에게 시간을 뺏기지 말라.

칭찬하기

칭찬은 가장 훌륭한 피드백이다

"칭찬을 잘 못하겠어요"라고 말하는 사람이 은근히 많다. 또는 "부하 직원을 너무 칭찬하면 자신을 얕볼 것 같다"라면서 걱정하는 사람도 있다. 하지만 이는 칭찬하는 행위 자체보다 칭찬하는 방법이 잘못되었을 뿐이다.

칭찬하는 게 아웃풋과 무슨 관련이 있냐고? 칭찬은 훌륭한 아웃풋이자 피드백이다. 칭찬을 잘 못하겠으면 '피드백을 준다'라고 생각하면 한층 더 쉬워질 것이다.

다음 상황을 가정해보자. 당신의 부하 직원이 어떤 행동을 했다. 명확한 결과가 나오지 않는 한, 잘한 행동인지 못한 행동인지 본인 스스로는 판단할 수가 없다. 그럴 때는 상사인 당신이 나서야 한다. 그 행동이 옳았다면 칭찬하고, 부적절했다면 야단을 치는 식으로 말이다. 그래야 부하 직원도 자신의 행동이 적절했는지 부적절했는지 깨달을 수 있다.

만약 적절하게 행동했다면 다음에는 정밀도를 높여서 퍼포먼스를 강화할 수 있다. 부적절한 행동이었다면 원인을 규명하고 대책을 찾아 같은 실수를 하지 않도록 주의해야 한다.

이렇게 피드백을 통해 깨닫는 과정을 거쳐야 비로소 성장할 수 있다. 부하 직원을 칭찬하거나 나무라는 것은 그들의 성장에 좋은 밑거름이 된다. 결과적으로 직원이 제대로 성장하면 회사에도 이득이다.

그러나 칭찬도 꾸중도 하지 않는다면 아무런 피드백을 주지 않는 것과 마찬가지다. 그러면 인풋과 아웃풋, 피드백의 사이클이 제대로

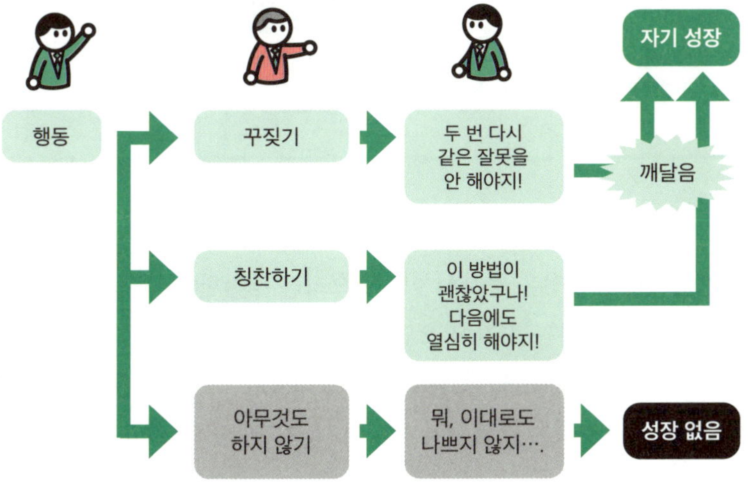

돌아가지 않고, 당사자는 변하지 않을 것이다. 흔히 부하 직원에게 "스스로 생각해!"라고 말하는 사람이 있는데 모든 걸 스스로 생각하게 하면 어느 순간 생각이 멈추게 된다. 조금이라도 암시해주고 방향성을 제시해줘야 부하 직원의 성장 속도가 빨라진다.

또 칭찬을 받으면 우리 몸에서 도파민이 분비된다. 즐거운 감정이 샘솟는 동시에 동기부여가 되고 다음에도 열심히 하겠다는 의욕이 생긴다. 사람을 이끌고 성장시키려면 반드시 칭찬이 필요하다.

칭찬을 하면 인풋과 아웃풋의 나선계단을 오르게 된다.

칭찬의 기술

자기효능감을 높여주는 4가지 칭찬법

칭찬하기의 중요성은 충분히 이해했으리라 생각한다. 하지만 구체적으로 칭찬해야 하는 순간이 오면 어떻게 칭찬해야 좋을지 갈피를 못 잡는 사람이 많다. 방법이 잘못되면 상대방이 자칫 오해할 수도 있다. 성장을 촉진하는 구체적인 칭찬법 네 가지를 소개한다.

강화하고 싶은 행동을 칭찬하기

어떤 행동을 했는데 칭찬을 받으면 그 행동이 심리적으로 강화되어 반복하고 싶은 기분이 든다. 따라서 우리가 칭찬해야 하는 대상은 결과가 아니라 강화하고 싶은 행동이다.

구체적으로 칭찬하기

부하 직원이 1억 엔짜리 계약을 성사시켰을 때, "1억 엔짜리 계약을 따내다니 훌륭해!"라면서 결과를 칭찬하는 것은 그리 바람직하지 않다. 그보다 "포기하지 않고 클라이언트의 조건에 맞춰 수정한 기획서를 다시 낸 덕분에 1억 엔짜리 계약을 따낼 수 있었어. 그 끈기가 정말 훌륭해!"처럼 강화하고 싶은 구체적인 '행동'을 최대한 자세히 칭찬하자. 그러면 칭찬을 받은 당사자도 '앞으로 내가 잘한 부분을 더 열심히 해야지!'라고 생각할 것이다.

"1억 엔짜리 계약을 따내다니 훌륭해!"라고만 하면 무엇이 좋았는지 스스로 깨닫기 어렵다. 이런 상황이 되풀이되면 "나는 대단해! 동기 중에서 내가 제일 잘 나가!"라면서 점점 더 우쭐거리게 된다.

매슬로의 5단계 욕구 이론

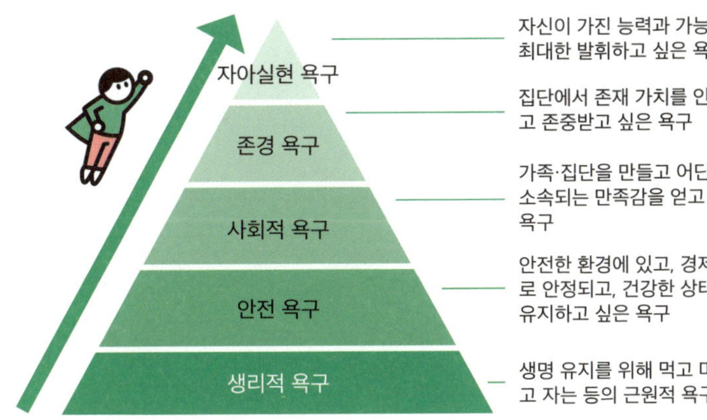

인간의 욕구는 더 고차원적인 곳으로 향한다

존경 욕구를 채워주기

유명한 '매슬로의 5단계 욕구 이론'에 따르면 인간의 욕구 중에 다른 사람에게 인정받고 존경받고 싶은 '존경 욕구'가 두 번째로 가장 높다. 따라서 존경 욕구를 채울 수 있게 관련 메시지를 담아 칭찬하면 상대방의 의욕이 크게 상승한다.

이를테면 "이번에 큰 계약을 따내서 대표님도 기뻐하셨어", "이번 계약이 회사에 큰 이익이 됐어"라는 식으로 타인이나 조직에 대한 공헌을 강조하면 존경 욕구가 충족된다.

한편 돈이나 물질적 욕구는 금방 익숙해지는 경향이 있다. 예를 들어, 거금을 손에 넣으면 처음에는 기쁘지만 금세 익숙해져서 액수가 더 커지지 않으면 쉽게 만족하지 못하는 욕구 불만족 상태에 빠지게 된다.

하지만 존경 욕구는 다르다. 존경 욕구를 채워주는 칭찬이라면 10번을 하든 100번을 하든 똑같은 효과가 발휘된다.

효과를 극대화하는 칭찬 시트

"참 잘했어요"
칭찬 시트

년 월 일

_______ 에게 _______ 로부터

잘한 점

구체적인 이미지가 떠오르게 최소 50글자 이상

대단한 점

구체적인 이미지가 떠오르게 최소 50글자 이상

고마운 점

구체적인 이미지가 떠오르게 최소 50글자 이상

칭찬의 순기능

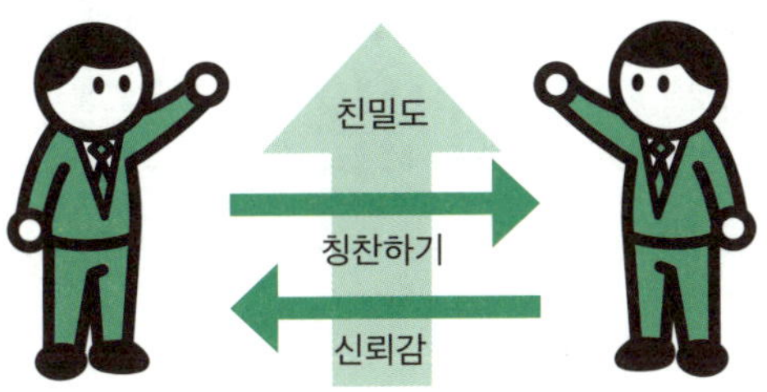

의욕이 넘치는 업무 환경 조성

글로 칭찬하기

대개 글이 아닌 말로 칭찬하곤 한다. 하지만 편지나 메일처럼 글로 칭찬하면 나중에 몇 번이나 다시 볼 수 있어서 효과가 더 크다. 당신은 한 번 칭찬을 했지만 상대는 그 글을 다시 읽을 때마다 거듭 똑같은 효과를 느낄 것이다.

칭찬교육재단의 대표이사 하라 구니오는 칭찬을 통해 인재를 육성하는 '칭찬 교육'을 세계에 널리 알리고 있다. 그는 부하 직원을 칭찬할 때 '칭찬 시트'라는 종이에 직접 작성해서 전달한다. 말로 칭찬할 때보다 글로 칭찬할 때 부하 직원의 의욕이 크게 상승한다는 것을 일찍이 발견했기 때문이다.

칭찬의 효과는 여기서 그치지 않는다. 칭찬을 주고받으면서 인간관계는 더욱 깊어진다. 칭찬을 받고 기분 나빠할 사람은 없거니와, 사람은 자신을 인정해주는 사람에게 본능적으로 호의를 느낀다. 칭찬을 잘 활용한다면 일이 잘 풀리고 의욕이 넘치는 업무 환경을 만들 수 있다.

POINT

칭찬을 아끼지 말라. 일이 술술 풀린다.

꾸짖기

내 기분이 나아지려고 야단쳐서는 안 된다

신입사원을 대상으로 한 설문 조사에서 놀랍게도 78.5퍼센트가 정당한 이유가 있으면 혼나도 좋다고 대답했다. 의외로 신입사원들은 야단을 맞은 후의 부정적 감정을 개의치 않아 하고 오히려 이를 통해 성장하기를 바랐다.

하지만 감정적으로 야단치기만 하면 성장은커녕 후배와의 관계만 어그러진다. 감정을 상하게 하지 않으면서 부하 직원을 성장시키려

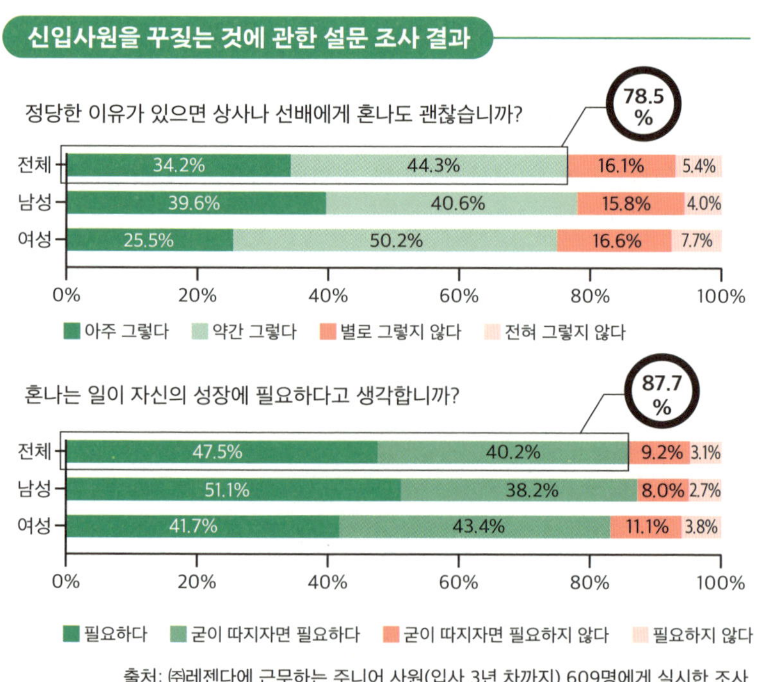

성장을 이끄는 꾸짖기

- 섣불리 화내지 않고 감정을 터트리지 않는다.
- 수정하고 싶은 구체적인 행동을 지적해서 행동 변화를 촉진한다.
- 피드백을 통해 실패 원인, 차후 대책을 함께 생각한다.

면 어떻게 꾸짖어야 할까?

꾸짖기는 상대가 저지른 잘못이나 달갑지 않은 결과에 대한 피드백이다. 깨달음을 얻고 이를 발판으로 대책을 모색해서 더 나은 쪽으로 나아가도록 돕는 것이다. 즉 상대를 위해 꾸짖는다는 것을 인지하는 게 가장 중요하다. 이는 나를 위한 관점에서 야단치는 것과 어떤 차이가 있을까? 후자는 그저 감정을 발산시키는 것에 그친다. 꼭 필요해서 야단치는 게 아니라 그저 내 기분이 나아지려고 감정풀이하는 것에 불과하다. 감정적인 폭력으로 상대방을 지배하려고 하면 반드시 반발이 따라오기 마련이다.

그러면 구체적으로 어떻게 잘 꾸짖어야 할까? 고치기를 바라는 구체적인 행동을 지적해야 한다. "1억 엔이나 손실을 내다니 어떡할 거야!"는 단지 분노의 표현일 뿐이다. "소통이 부족했던 것 같군요"라면서 잘못된 행동을 지적해야 한다. 그렇지 않으면 깨닫는 것도 배우는 것도 없다. 또는 "왜 이렇게 손실이 커졌다고 생각합니까?"와 같이 실패한 원인이나 이유, 대책을 본인 스스로 생각하게 만드는 것도 한 가지 방법이다. 본인이 깨닫지 못한다면 함께 생각해보자.

여기서 중요한 점은 같은 실수를 되풀이하지 않는 것이다. 상대방이 깨달음과 대책을 얻었다면 성공적인 피드백이라고 할 수 있다.

POINT

"어떡할 거야!"보다 "이렇게 하자"라고 말하는 편이 효과적이다.

리더십

신뢰가 있어야 말이 먹힌다

꾸짖기를 실행하기 위한 중요한 대전제가 있다. 바로 신뢰다.

아무리 심각한 상황이라고 해도 오늘부터 일하기 시작한 아르바이트생이나 입사 한 달 차가 된 신입사원을 엄하게 꾸짖으면 당장 다음날부터 모습을 보이지 않을 가능성이 있다. 서로 간에 신뢰 관계가 형성되어야 꾸짖음이 효과적으로 작용한다.

부하 직원을 대하는 상사에게 필요한 것은 부모와 같은 애정이다. 부하가 잘 크고 성장해서 활약할 수 있기를 바라는 마음으로 야단을 친다는 마음 씀씀이 말이다.

그리고 부하 직원은 상사에게 존경심과 경의를 표현해야 한다. 아무리 경력이 많고 일 잘하는 상사라도 존경하지 않으면 "일도 잘 못하는 주제에 잘난 척은"이라는 반발심만 생긴다. '나도 내 상사처럼

자기 성장을 촉진하는 야단치기

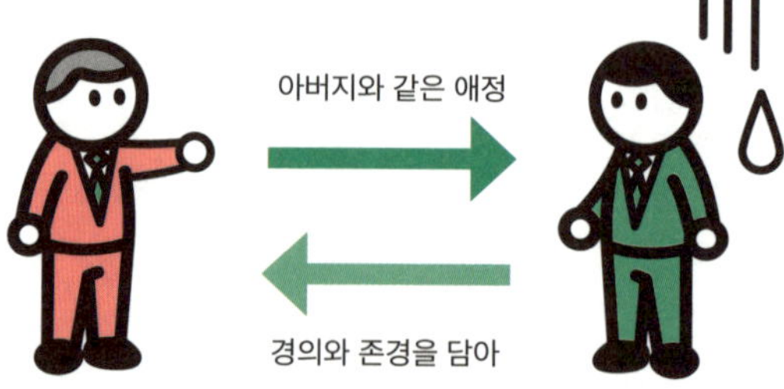

꾸짖고 꾸짖음을 당하려면 신뢰가 필요하다

좋은 아버지와 좋은 상사는 비슷

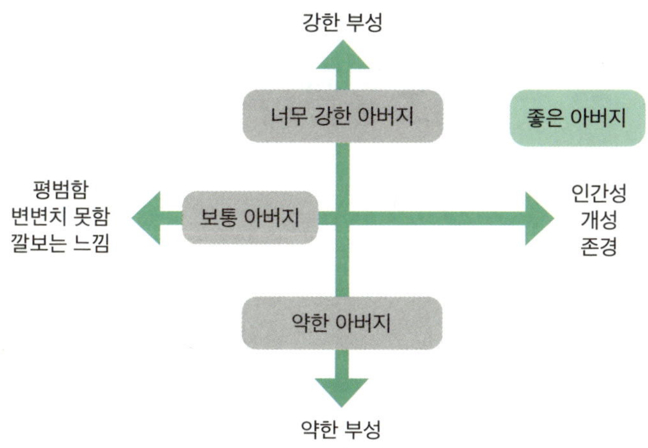

일을 잘하고 싶어'라는 마음이 있다면 듣는 귀를 가져야 한다. 이렇게 부모와 자식 같은 애정과 존경이라는 신뢰 관계가 형성되어야 야단치고 야단맞는 관계가 성립한다.

'어머니와 같은 애정', '아버지와 같은 강인함'을 모성과 부성이라고 생각하면 어떨까? 그러나 한편으로 이러한 감정은 너무 강해도 인간관계 면에서 그다지 바람직하지 않다. 극단적인 예로 영화 《스타워즈》의 다스 베이더나 가족에게 폭력을 휘두르는 아버지를 들 수 있겠다. 힘으로 다른 사람을 지배하려고 들면 그 누구도 존경받지 못한다.

강인하면서도 인격과 개성이 뛰어난 사람은 마땅히 존경받고 훌륭한 리더십을 발휘한다. 누구나 노력한다면 얼마든지 조화로운 상사-부하 직원의 관계를 맺을 수 있다.

POINT

애정과 존중 없이 실력만으로 리더십을 발휘하기는 어렵다.

사과하기

미안하다고 말하는 사람이 일도 잘한다

잘못을 했을 때 사과 대신 변명부터 하는 사람이 있다. 통념상 지위가 높은 사람일수록 그리고 남성이 사과하지 않는 경향이 강하다고 한다. 솔직하게 사과하지 않는 이유는 강한 자존심 때문이기도 하고 사과하는 행위가 자신의 가치를 떨어트린다고 생각하기 때문이다. 자존심을 다치고 싶지 않은 것이다. 그런데 정말 그럴까?

이와 관련한 심리 실험 연구 결과가 있다. 피험자들에게는 실험의 본래 목적을 숨기고 다른 과제를 수행하도록 지시한 뒤, 과제 수행을 도울 실험 조수를 붙였다. 조수는 과제 수행 도중 일부러 잘못을 저지르도록 사전에 지시를 받았고, 결국 피험자들은 실험자에게 낮은 평가를 받았다. 그리고 각 그룹에 속한 조수들은 각기 다른 네 가지 행동을 취했다.

- 피험자에게 사과한다.
- 피험자에게 사과하지 않는다.
- 실험자 앞에서 피험자에게 사과한다.
- 피험자에게만 사과한다.

만약 조수가 실험자 앞에서 피험자에게 사과한다면 조수가 실수했다는 사실이 밝혀지므로 피험자의 평판은 낮아지지 않지만, 피험자에게만 사과한다면 조수의 잘못이 피험자의 책임이 되어버리고 만다.

잘못을 인정하면 발생하는 일

그리고 실험의 최종 단계로 피험자에게 조수의 기량에 대해 평가해달라고 부탁한 결과, 피험자에 대한 실험자의 평가 결과와는 상관없이 사과한 그룹의 평가가 높았다. 즉 피험자들은 자신에게 사과한 조수들에게 대체로 높은 평가를 내렸다.

많은 사람이 사과하면 자신의 입장이 난처해질까 봐 솔직하게 사과하지 않는다. 하지만 현실에서는 오히려 솔직하게 사과한 사람이 이득이었다. 솔직한 사과는 아웃풋에 대한 훌륭한 피드백이기도 하다. 잘못을 받아들이고 반성함으로써 다음 대책을 세울 수 있다.

자신의 책임과 잘못을 인정하지 않고 사과하지 않는다면 인풋과 아웃풋, 피드백의 사이클을 돌지 못하고 다음 단계로 나아갈 수 없다. 그러면 자기 성장은커녕, 앞으로도 같은 잘못과 실수를 되풀이하게 될 것이다.

사과하기가 정 어렵다면 이를 피드백이자 자기 성장의 양식이라고 생각해보면 어떨까? 오히려 사과함으로써 자신의 가치가 올라간다는 것을 알면 솔직하게 사과하는 일이 쉬워질 것이다.

POINT

먼저 사과하는 사람이 똑똑하다.

설명하기

스토리는 힘이 세다

아웃풋을 못 하는 사람은 설명하는 일에도 서투르다. 반대로 말하면 다른 사람에게 설명하는 행위는 아웃풋을 연습하는 좋은 훈련이 된다. 설명하는 행위를 통해 해당 정보가 당신의 기억에도 강하게 남는다.

가령 삼각형의 면적을 구하는 공식은 '밑변×높이÷2'다. 그런데 "왜 밑변×높이÷2인지 설명해보시오"라고 하면 초등학생 수준의 문제인데도 의외로 쉽게 설명하지 못한다.

"먼저 삼각형을 포함한 직사각형을 그려봅시다. 삼각형의 정점에서 수직으로 선을 그으면 왼쪽과 오른쪽에 면적이 같은 삼각형이 2개 생깁니다. 여기서 직사각형의 면적 '밑변×높이'를 둘로 나누면 삼각형의 면적이 됩니다." 이렇게 명확하게 설명할 수 있다면 삼각형 면적을 구하는 공식을 절대 잊어버리지 않을 수 있다.

설명하는 과정을 통해 '의미 기억'이 '에피소드 기억'으로 변환되어 기억에 오래 남는다. 의미 기억이란 'apple은 사과'처럼 관련성이 깊지 않은 항목들을 단순히 짝을 지어 기억하는 것을 가리킨다. 반면 에피소드 기억이란 과거에 있던 사건과 체험, 즉 이야기로 남아 있는 기억이다. 의미 기억은 외우기 어렵고 잊어버리기 쉽지만, 에피소드 기억은 기억하기 쉽고 잘 잊히지 않는 특징이 있다.

삼각형의 면적은?

왜 **밑변×높이÷2=**를 하면
삼각형의 면적이 나올까?

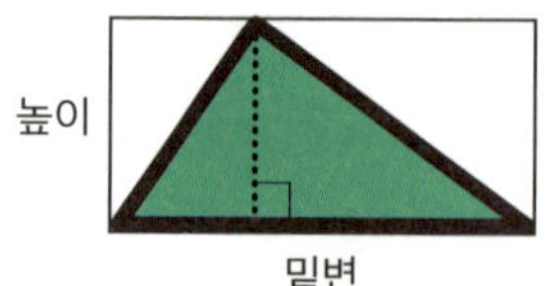

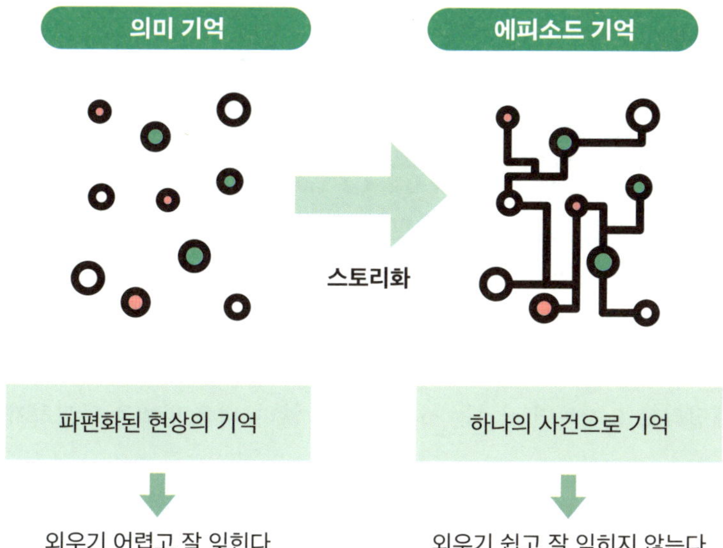

삼각형의 면적 '밑변×높이÷2'라는 공식은 단순한 기호의 조합이므로 의미 기억에 해당한다. 힘들게 외워도 금방 잊어버리기 십상이다. 이를 "삼각형을 포함한 직사각형을 그려…"라고 설명할 수 있다면 스토리, 즉 에피소드 기억으로 변환되어 외우기 쉽고 잘 잊어버리지 않게 된다.

설명이란 단순히 내가 아는 것을 전달하는 과정에 그치지 않는다. 설명을 함으로써 이해가 깊어지면 상대방도 더 잘 기억할 수 있을 뿐만 아니라 설명의 주체인 나의 머릿속에도 강하게 정착된다. 따라서 설명하기는 최고의 아웃풋 훈련이자 뇌 훈련이다.

POINT

단편적인 정보를 누군가에게 설명하기만 해도 더 기억에 남는다.

설명의 기술

태도는 당당하게 예시는 빵빵하게

설명하기는 효과적인 뇌 훈련 방법이지만 막상 누가 무언가를 설명해달라고 요청하면 잘하는 사람이 많지 않다. 다음 방법을 참고하자.

큰 목소리로 분명하게 말하기

설명을 잘 못하는 사람은 작은 목소리로 웅얼거리는 등 부족한 자신감이 태도로 드러나기 마련이다. 그러면 맞게 설명했다 한들 상대방에게 잘 전해지지 않는다. 최소한 큰 소리로 분명하게 말하는 연습을 하자. 비언어적 커뮤니케이션을 의식해야 한다.

당당하게 자신감을 가지고 말하기

설명하는 사람이 확신이나 자신감을 보여주지 못한다면 상대방은 이를 의심하게 된다. 자신 없는 상태가 소리나 태도로 드러나면, 이러한 비언어적 메시지는 아무리 정확한 정보라도 상대방에게 '정말로 맞을까?' 하는 의구심을 심어준다. 태도와 말투를 당당하게 하자.

중요한 포인트는 처음에 언급하기

설명을 못 하는 사람의 말을 듣고 있으면 무슨 말을 하는지 잘 이해가 되지 않을 때가 많다. 좀처럼 결론을 내지 못하기 때문이다. 따라서 결론이나 요점을 가장 먼저 말해야 한다. "저는 그 의견에 동의합니다. 왜냐하면…"과 같이 결론을 먼저 언급하고 이유를 말하면 논리적인 구조로 설명되어 듣는 사람도 쉽게 이해할 수 있다.

설명을 잘하는 공식

비언어적 커뮤니케이션	×	결론	+	이유
큰 소리로 당당하게				예시, 권위, 수치

설명은 짧고 심플하게

설명할 때 말을 많이 하면 된다고 생각하는 사람이 많지만, 말을 많이 할수록 설명은 난해해지고 상대방은 혼란스러워한다. 설명은 짧고 단순할수록 좋다. 말이 길어진다면 문장을 짧게 끊어서 말하자.

예시 들기

사례를 곁들어 설명하면 이해하기 쉬워진다. 자세하고 구체적으로 머릿속에 연상되거나 친근감이 드는 일상의 소소한 예시 등 쓸 만한 이야기를 평소에 찾아두면 좋다.

권위와 숫자를 사용하기

권위를 이용하면 설득력이 압도적으로 높아진다. 이 책에서 "하버드대학교 연구에 따르면"처럼 유명한 기관의 연구 결과를 자주 인용하는 이유이기도 하다. 인용할 만한 연구나 사례들을 살펴보는 데는 적잖은 노력과 시간이 들어가니 평소에 찾아두는 것이 중요하다.

또한 '대다수가 찬성했다 → 89퍼센트가 찬성했다'처럼 숫자를 구체적으로 명시하면 신뢰를 더할 수 있다.

POINT

결론을 처음에 말하고 이유는 후술하라.

솔직하기

나를 드러낼수록 내 편이 많아진다

"본심과 약점을 솔직하게 드러내기가 겁이 나요"라고 말하는 사람이 많다. 특히 숨김없이 털어놓기보다 꾹 참고 견디는 경향이 강한 사람들은 자신의 약점을 털어놓는 것을 탐탁지 않게 여긴다.

하지만 본심을 털어놓는 것은 소통을 하고 관계를 깊게 만드는 데 아주 중요하다. 자신의 비밀, 약점, 부정적인 부분 등 속마음을 털어놓고 자신을 노출하는 행위가 상대방과 나의 심리적 거리를 좁혀주기 때문이다. 이를 '자기 노출의 법칙'이라고 한다.

심리학자 알트만Irwin Altman과 테일러Dalmass Taylor는 "자신을 노출시킴으로써 상대방을 더 잘 알게 되고 상호 신뢰가 늘어나서 깊은 호의적 관계가 형성된다"라는 '사회적 침투 이론'을 주장했다. 다른 사람에게는 하지 않은 말을 나에게 털어놓았다는 심리적 교류감이 관

자기 노출의 법칙

자기 자신을 노출할수록 친근감이 상승한다

드러내기의 효과

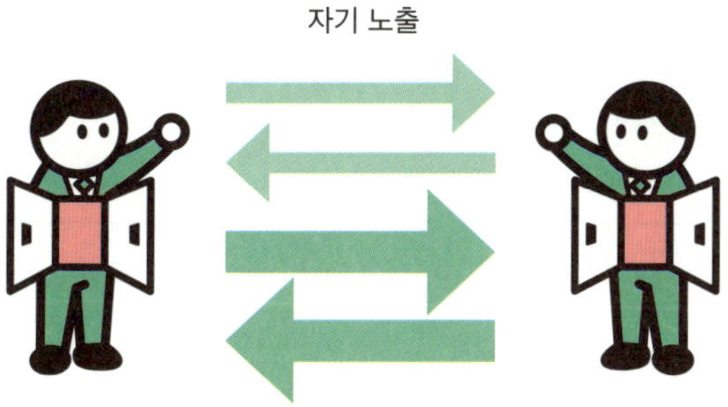

자기 노출이 오갈수록 마음의 문이 열린다

계를 더 깊어지게 만들고, 자신을 노출하면 할수록 호감도가 더욱 높아진다는 것이다.

단, 처음 만난 사람에게 처음부터 너무 많은 정보를 노출하는 것은 주의하자. 미팅 자리에서 처음 만난 사람에게 "어린 시절 학대를 받았습니다"라고 갑자기 말하면 상대가 놀랄 수 있다. 자기 노출은 상대가 마음의 문을 여는 속도에 맞춰 천천히 해야 한다. 마음의 문이 열리지 않은 상태에서는 조금씩 천천히 나에 대해 알려라. 알고 지낸 기간이 길고 그만큼 서로 친해졌다면 비로소 더 깊은 자기 노출이 가능하다.

내가 먼저 노출하면 상대도 자신을 노출한다. 이것을 '자기 노출의 반보성'이라고 한다. 속마음을 솔직하게 털어놓는 것만으로도 아주 깊고 끈끈한 인간관계를 맺을 수 있다.

POINT

완벽한 사람은 없다.
기꺼이 약점을 드러내라.

자기소개

자기소개는 나를 브랜딩할 절호의 기회다

사회생활을 하다 보면 자기소개를 해야 하는 순간이 자주 찾아온다. 이때 자신의 장점을 아주 유창하게 소개해서 확실히 기억에 남는 사람이 있는 한편, 긴장해서 허둥대느라 준비한 내용조차 제대로 전달하지 못하는 사람이 있다. 인생에서 자기소개를 최소 수십 번은 하게 되니, 자신이 없다면 평소에 미리 익혀두는 편이 좋다.

자기소개를 잘하는 방법은 아주 간단하다. 원고를 작성해서 술술 말할 수 있도록 반복 연습하고 암기하기, 단지 그뿐이다. 30분만 시간을 투자하면 누구나 할 수 있다.

자기소개는 짧은 버전과 긴 버전으로 나뉘는데, 시간에 따라 말하는 내용이 달라진다. 면접장에서 "30초 자기소개해주세요"라고 시간을 지정해주는 경우도 있으므로 30초와 60초 두 가지 버전을 모두 준비해두는 편이 좋다. 30초 원고는 약 200글자, 60초 원고는 약 400글자가 된다. 실제로 써보면 알겠지만 생각보다 많은 정보를 담을 수 있다. 상대방의 기억에 남을 만한 자기소개를 하는 여섯 가지 포인트를 알려주겠다.

누구나 이해 가능하도록 쉽게 말하기

자기소개의 목적은 '자신이 무엇을 하는 사람인지'를 전달하는 것이다. 하지만 정작 현실에서는 이를 정확하게 알 수 없는 자기소개가 태반이다. "주식회사에서 CRM을 담당하고 있습니다"라고 하면 듣는 사람은 흐름은 제쳐두고 "어떤 회사입니까?", "CRM(고객 관계

관리를 뜻하는 Customer Relationship Management의 약자)이 뭡니까?"라고 묻고 싶어질 것이다. 보통 자기소개는 처음 만난 사람에게 하는 것이므로 가급적 전문용어를 쓰지 말고 알기 쉽게 말하자.

차별점 담기

자기소개가 끝난 후에 "그러고 보니 이 사람, 뭐 하는 사람이라고 했지?"라면서 듣는 사람이 전혀 기억하지 못한다면 자기소개를 하는 의미가 없다. 자기소개의 가장 큰 목적은 상대방의 기억에 남기는 것이다. 그러기 위해서는 자신만의 도드라지는 부분, 장점, 자신 있는 점, 타인과 차별화할 수 있는 포인트 등을 담아야 한다.

숫자 넣기

숫자를 넣어서 말하면 차별화되고 말하고자 하는 바를 더욱 강조할 수 있다. 예를 들어 "영화를 아주 좋아합니다"가 아니라 "연간 영화 100편을 보는 영화 팬입니다"로, "베스트셀러 작가 가바사와입니다"가 아니라 "누계 250만 부를 달성한 베스트셀러 작가 가바사와입니다"라고 하면 '저 사람 대단하다!'라는 인상을 남길 수 있다.

비전 담기

자기소개 내용에 비전, 사명, 목표 등 자신이 무엇을 실현하고 싶은지에 관한 구체적인 행동이나 사고 지침을 담으면 공감을 얻을 수 있고 강한 인상을 남겨서 시간이 흐른 후에도 상대방이 나를 기억할 확률이 높아진다. 눈에 띄는 장점이나 차별화 포인트가 없는 사람이라도 하고 싶은 일 정도라면 쉽게 담아낼 수 있을 것이다.

비언어적 커뮤니케이션에 신경 쓰기

가장 중요한 포인트는 '무엇을 말해야 하는가'가 아니라 '어떻게 말해야 하는가'다. 고개를 숙이고 작은 목소리로 웅얼거려서 이름조

인상을 결정하는 요소

'무엇을 말해야 할까?'보다 '어떻게 말해야 할까?'가 중요하다

차 잘 들리지 않는다면 아무리 내용이 좋아도 듣는 사람에게는 부정적인 인상을 심어주게 된다.

앞에서 설명한 것처럼 첫인상은 대부분 비언어적 메시지로 결정된다. 웃는 얼굴로 앞을 똑바로 바라보면서 적당한 목소리 크기로 분명하게 말하는 것만으로도 충분히 좋은 인상을 줄 수 있다.

나다움을 추가하기

자기소개는 다른 사람에게 보이고 싶은 자신의 모습을 단시간에 어필할 절호의 기회다. 따라서 평소에 '나는 어떻게 보이고 싶은가'에 관해 곰곰이 생각해볼 필요가 있다. '나다움'을 보여주는 개성, 이를 한눈에 보여줄 수 있는 에피소드를 추가하면 매력적인 자기소개가 완성된다.

자기소개는 소통을 여는 문으로서 새로운 사람들을 만나게 해준다. 자기소개에 능숙해지면 비즈니스뿐만 아니라 개인적인 인간관계를 넓히는 데에도 큰 도움이 된다. 빈틈없는 자기소개 원고를 작성하고 자연스럽게 말하는 연습을 미리 해두자.

자기소개 예시

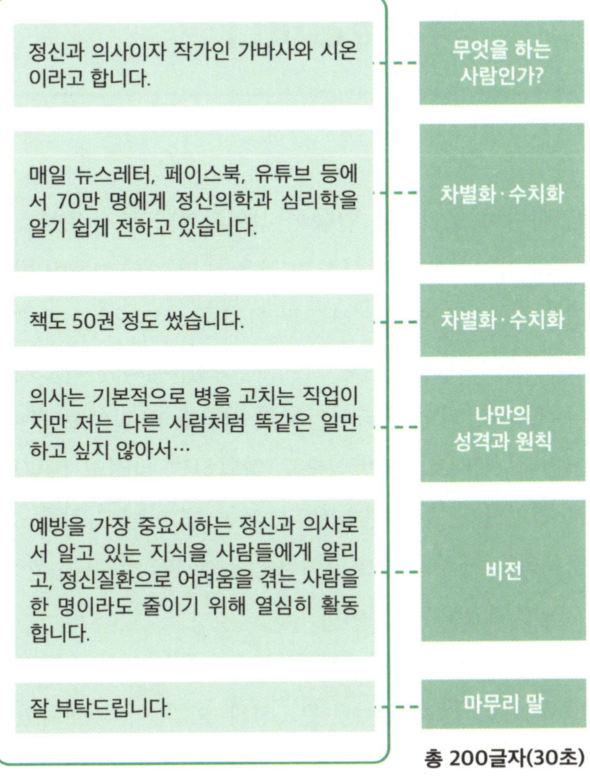

차별화, 수치화, 비전을 담은 자기소개를 평소 작성해두라.

영업하기

고객 관점의 사고로 설명하라

많은 사람이 영업하는 일을 어려워하거나 부정적으로 생각한다. 돈에 관해 직접적으로 언급하는 것을 꺼리는 사람들이 아주 많다.

영업이란 무엇일까? '상품을 억지로 파는 일'이 절대 아니다. 영업이란 상품이 가진 진정한 가치, 근사함, 매력을 바르게 전달하는 일이다. 잘 전달되면 클라이언트의 마음을 움직이고 구매하는 결과로 이어진다. 제대로 된 방식으로 영업하면 팔려고 노력할 필요도, 억지로 판매할 필요도 전혀 없다. 파는 게 아닌 가치를 소개하는 것을 목적이라고 생각하면 영업이라는 일에 따라다니는 부정적인 꼬리표도 자연스레 불식될 것이다.

나 역시 영업의 일환으로 뉴스레터나 SNS에 글을 쓴다. "신간 『일하면서 바로 써먹는 아웃풋×성과 도감』이 발매되었습니다!"처럼 말이다. 그렇다면 어떻게 효과적으로 어필할 수 있을까?

영업을 하거나 소개하는 일에 서툰 사람은 무작정 "사주세요"라고 말한다. 그러나 명심하라. 고객의 심리는 가치가 있으면 산다, 가치

구매자의 심리

가치 있는 걸
사고 싶어.

가치가 없으면
사고 싶지 않아.

상품의 이익과 가치를 전하면 잘 팔 수 있다

가 없으면 사고 싶지 않다, 이 두 가지로 나뉜다. 상품의 가치에 관한 일언반구도 없이 "사주세요"라고 외쳐봤자 아무 소용 없다.

상품을 팔고 싶으면 해야 할 일은 단 하나, 가치를 전하는 것뿐이다. 예를 들어 내 뉴스레터에 이 책을 다음과 같이 소개할 수 있다.

『일하면서 바로 써먹는 아웃풋×성과 도감』은 다음과 같은 특징이 있습니다.

- 일본에서 처음 출간된, 아웃풋에 특화된 내용 .
- 각기 다른 80가지 아웃풋의 실천법을 설명한 아웃풋 백과사전.
- 뇌과학과 심리학적 근거에 기반을 둔 정신과 의사의 실행 노하우.
- 간단한 일러스트가 곁들여 있어 직감적으로 이해할 수 있는 쉬운 구성.
- 어디서부터 읽어도 문제없고, 틈나는 시간에 부담 없이 읽을 수 있음. 책장에 꽂아두고 일이 막힐 때마다 읽을 수 있음.
- 읽은 날부터 바로 실천해 효과를 실감할 수 있는 실용성.
- 아웃풋을 통해 수동적이고 소극적이었던 인생이 능동적이고 적극적인 인생으로 변화.

여러분도 이 책을 통해 아웃풋을 실천하고 인생을 바꿔보면 어떨까요?

효과적인 영업 기술이란 팔려고 노력하는 것도, 사달라고 연호하는 것도 아니다. 상품의 진정한 가치를 소개하는 것, 바꿔 말하면 베네핏Benefit을 소개하는 것이다. 상품을 구입하면 구매하는 사람에게 어떤 이득이 있을지를 분명하게 설명해주자.

물건을 팔지 말고 가치를 팔아라.

영업의 기술

가격 이상의 가치를 팔아라

이익과 가치를 전하면 상품은 잘 팔린다. 명심하라, 물건을 파는 게 아니라 가치를 전해야 한다. 자신을 가치의 전도자라고 생각하면 영업하는 일도 훨씬 수월해질 것이다. 비즈니스를 하는 사람이라면 꼭 알고 싶어할 잘 파는 공식을 알려주겠다. 바로 '가치 > 가격'이다. 사람들은 자신이 기대했던 가치에 비해 가격이 저렴하면 구매한다. 반대로 생각보다 가격이 비싸면 사지 않는다.

어떤 식당에서 1만 5천 엔짜리 초밥 정식을 먹고 나서 '이 정도 음식은 다른 곳에서는 2~3만 엔일 텐데'라고 느낀다면 그 식당을 기꺼이 다시 방문하고 싶을 것이다. 반대로 '고작 이 정도로 1만 5천 엔을 받다니, 비싸군'이라고 느낀다면 다시는 방문하지 않을 것이다.

안타깝게도 많은 기업이 무작정 가격을 낮추는 선택을 한다. 소고기덮밥이 450엔이라면 비싸다고 생각하는 사람이 많으니 380엔으로 책정하고, 이를 본 다른 기업은 더 낮은 가격으로 팔고…. 무한으로 계속되는 가격 낮추기 경쟁에 많은 기업이 힘을 잃고 있다.

가격을 낮추지 않고 상품을 판매하려면 상품의 가치를 높여야 한다. 물론 처음부터 매력적인 상품을 만들고 개발하는 방법도 있지만 시간이 오래 걸린다. 이미 존재하는 상품의 매력과 장점을 충분히 살려서 지금 당장 잘 파는 공식을 실현할 수 있다.

예를 들어 온라인에서 '○○학원이 가르쳐주는 업무의 기술'이라는 학습 커뮤니티를 운영하고 있다고 하자. "○○학원만의 업무 기술과 공부법을 더 깊이 있게 배울 수 있습니다. 매달 1,620엔으로

가치를 파는 구체적인 예

	**① 이용 제한 없이 콘텐츠 마음껏 시청 가능**: ○○학원에서는 업로드된 총 85개 동영상을 마음껏 볼 수 있습니다.
	**② 아웃풋형 공부법**: ○○학원은 수동적 학습이 대부분인 다른 인터넷 강의 사이트와 달리 영상을 보면서 아웃풋하도록 수업이 구성되어 있습니다. 능동적으로 수업에 참여함으로써 배운 내용이 오래도록 기억에 남을 수 있습니다.
	**③ 쌍방향 커뮤니케이션**: 정기적으로 개최되는 페이스북 라이브 '학원 질문 축제'에서는 학원생의 모든 질문에 답변해드립니다. 저희는 '쌍방향 커뮤니케이션'을 원칙으로 합니다.
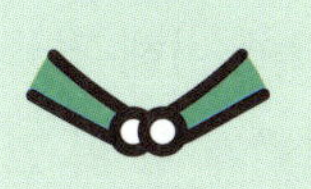	**④ 오프라인 행사**: 한 달에 두 번 열리는 공개 동영상 촬영일에는 강사와 실제로 만날 수 있고 직접 질문할 수도 있습니다. 또 촬영 후에는 뒤풀이 행사가 있습니다.

30분짜리 오리지널 강의를 한 달에 3번 받아볼 수 있습니다!" 여기까지 읽고 지금 당장 신청해야겠다고 생각하는 사람은 많지 않을 것이다.

○○학원에는 중요한 특징이 네 가지 있다. '콘텐츠 이용 제한 없음', '아웃풋형', '쌍방향 커뮤니케이션', '직접 만남'이다. 학원에서는 이 모든 것을 고작 '비즈니스 서적 1권 가격'인 1,620엔에 제공하고 있다. 이렇게 네 가지 특징에 대해 구체적으로 설명하면 사람들은 ○○학원의 가격 이상의 가치를 느낄 것이다.

항상 '가치 > 가격'을 의식하고 상품의 매력을 어필하자.

POINT

판매에는 2가지 기술만 있다.
가격을 낮추거나 상품의 질을 높이거나.

감사하기

감사하는 뇌가 인생을 바꾼다

'감사하다'라는 표현의 중요성을 알면서도 멋쩍은 마음에 솔직하게 말하지 못하는 사람이 많다. 그런데 그저 감사하는 것만으로도 정말 좋은 효과를 얻을 수 있을까?

일리노이대학교 연구 결과에 따르면 감사와 행복감 같은 긍정적인 감정을 풍부하게 느끼는 사람은 그렇지 않은 사람에 비해 평균적으로 9.4년 더 오래 산다고 한다. 그 외에도 심장 혈관계 안정, 면역력 상승 등 수많은 연구가 감사의 과학적 효과를 증명하고 있다. 즉, 감사하면 건강에 좋다는 것은 사실이다.

뇌과학적인 측면에서도 감사는 우리 뇌에 좋다. 감사를 하면 뇌에서는 도파민, 세로토닌, 옥시토신, 엔도르핀 등 몸에 좋은 작용을 미치는 호르몬이 분비된다. 세로토닌은 지친 마음을 치유해주고 긴장을 풀어준다. 옥시토신은 면역력을 높여준다. 흥미롭게도 엔도르핀은 감사할 때와 감사를 받을 때 모두 분비된다고 한다. 다른 사람에

감사하면 분비되는 뇌내 호르몬

도파민	행복 호르몬	행복감, 의욕, 학습 기능 및 기억력 향상
세로토닌	치유 호르몬	평안, 안정, 긴장 완화, 공감
옥시토신	긴장 완화 호르몬	평안, 애정, 친절, 신뢰감, 면역력 상승
엔도르핀	쾌락 호르몬	행복감, 안정, 긴장 완화, 집중력 및 면역력 향상

감사의 7가지 이점

1. 감사하면 인간관계가 잘 풀린다.
2. 감사하기만 해도 행복도가 25퍼센트 상승한다.
3. 감사하는 사람은 아닌 사람보다 9.4년 오래 산다.
4. 감사하는 사람은 병에 잘 걸리지 않는다.
5. 감사하면 면역력이 올라간다.
6. 감사하는 사람은 병에 걸려도 회복이 빠르다.
7. 감사하기만 해도 고통이 경감된다.

게 감사할 때 좋은 효과를 얻는다는 건 익히 알려진 사실이지만 감사 인사를 받았을 때도 몸에서 긍정적인 변화가 일어난다는 사실은 몰랐던 사람이 많을 것이다. 단 하나의 행동으로 네 가지 호르몬이 전부 분비되는 것은 '감사할 때'가 유일하다. 따라서 감사는 최고의 뇌 훈련이라고도 할 수 있다.

새삼스럽게 감사함을 표현하는 일이 왠지 낯설고, 쑥스럽고, 약간의 거부감이 들지도 모른다. 하지만 감사하다는 인사를 받고 불쾌해하는 사람은 없다. 오히려 더 열린 소통이 가능하고 인간관계는 깊어진다. 그러니 용기를 내서 적극적으로 "고맙습니다"라고 말해보자. 이는 모든 일을 잘 풀리게 해주는 마법의 말과 같다.

먼저 평소에 가족이나 배우자에게 했던 불평불만을 감사로 바꿔보라. 용기를 내서 "늘 고마워"라고 말해보면 어떨까? 즉시 분위기가 좋아지고 사이가 달라질 것이다.

POINT

도파민, 세르토닌, 옥시토닌, 엔도르핀이 모두 분비되는 때는 오로지 감사할 때다.

전화하기

때로 전화해서 직접 말하는 편이 낫다

전화라고 하면 아날로그 업무를 떠올리는 사람이 많을 것이다. 실제로 인터넷이 발달하면서 메일과 메시지를 주로 사용하고 직접 전화를 거는 빈도가 몰라보게 줄어들었다.

하지만 일하다 보면 메일과 메시지보다 전화가 더 나은 경우가 있다. 소통의 주된 도구로서 전화를 활용하는 일은 여전히 중요하다.

전화는 빠르고 정확하다

전화의 장점은 빠르고 확실하다는 점이다. 메일과 메시지는 상대방이 언제 답을 줄지 확실히 알 수 없고 수신 확인이 뜨더라도 정말로 내용을 이해했는지 확인할 수가 없다.

따라서 긴급하고 중요한 용건이거나 지금 당장 결과를 알고 싶은 용건일 경우에는 전화하는 게 낫다. 이전에 “긴급한 용건이라 메일로 답신이 오기를 기다렸는데 왜 바로 답을 주지 않았습니까?”라는 항의를 들은 적이 있다. 그렇게 급하면 마냥 답신을 기다리기만 할 게 아니라 전화를 걸었어야 한다.

전화를 하면 그 순간에 상대방의 생각을 확실하게 확인할 수 있다. 그러니 긴급한 용건이라면 주저하지 말고 전화를 하자.

전화할 때는 상대의 업무를 방해하지 않게 배려하라

전화의 최대 단점은 상대방의 일에 끼어든다는 점이다. 전화를 걸었을 때 상대방은 회의나 중요한 미팅 중일 수도 있다. 자칫하다가

전화와 메일·메시지의 차이

전화	메일·메시지
빠름	언제 읽을지 모름
수신과 발신이 확실함	정말로 읽었는지 안 읽었는지 모름
상대가 일하는 도중에 끼어 들게 됨	틈나는 시간에 확인할 수 있음
감정적 뉘앙스가 잘 전해지지만 상세한 내용은 전달하기 어려움	미묘한 뉘앙스를 전달하기 어렵지만 상세한 내용을 효과적으로 전달할 수 있음
기록이 남지 않음 (추후에 문제가 발생할 수 있음)	기록이 남음

'고작 그런 일로 바쁠 때 전화하지 말지'라는 눈짓을 받을 수도 있다.

인간의 집중력은 한 번 끊어지면 다시 연결될 때까지 5분 이상 걸린다고 한다. 섣불리 전화했다가 의도치 않게 상대의 업무를 방해하게 될 위험이 있다. 참고로 나는 책을 집필하는 오전 중에는 전화가 와도 받지 않는다. 집중력이 끊어지기 때문이다.

따라서 긴급하지 않다면 상대방이 메일과 메시지를 보낸 직후 또는 SNS에 글을 업로드한 것을 확인한 직후에 전화하는 것이 좋다. 휴식 중이거나 적어도 바쁘게 일하지 않고 있다는 것이 확실하니까 말이다. 상대방의 일정을 고려해 점심시간처럼 바쁘지 않을 만한 시간대를 골라 전화하면 상대방도 여유롭게 받아줄 것이다.

전화를 하면 비언어적 메시지가 전해진다

문자나 메일과 비교되는 전화의 큰 장점은 목소리 톤으로 당신의 감정을 비언어적으로 전달할 수 있다는 점이다. 메일로 "고맙습니다"라고 쓸 때와 전화로 직접 말할 때를 비교해보자. 비언어적 뉘앙스를 전할 때는 전화가 압도적으로 우세하다.

특히 감사의 말을 전할 때는 메시지로 간단하게 용건만 끝내기보

연락할 때는 상대를 고려하기

다 전화로 정중하게 말하면 마음이 잘 전달된다. 또 부탁할 때도 메일보다는 전화로 말하면 받아줄 확률이 몇 배나 높아진다. 그러니 감정을 전하고 싶다면 메일이나 메시지가 아니라 전화를 활용하자.

메일로 몇 번이나 의견을 주고받아도 합의되지 않았던 문제가 전화로는 30초 만에 해결되는 경우가 있다. 미묘한 뉘앙스가 잘 전달되어서 소통이 신속하고 정확하게 이루어지기 때문이다.

장문의 메일을 작성하는 데는 몇 분이 걸린다. 하지만 아무리 골치 아프게 얽혀 있거나 복잡한 사정이더라도 직접 전화로 설명하면 시간을 훨씬 절약할 수 있다.

기록이 남지 않는다

전화의 단점 중 하나는 기록이 남지 않는다는 점이다. 분명 "네"라고 했는데 나중에 "그런 말 한 적 없어요"라면서 상대가 다른 말을 하면 문제가 발생할 수도 있다. 또는 분명 "1,200만 엔"이라고 말했는데 하필이면 시끄러운 장소에서 전화를 받아서 "1,000만 엔"으로 잘못 알아들을 가능성도 있다.

따라서 전화로 계약 관련 등의 중요한 대화를 나누었을 때는 확인 메일을 보내 기록과 내용을 남겨두는 게 중요하다.

전화하는 기준 정하기

'일상 연락은 메일로, 청탁은 전화로'처럼 자기 나름대로 기준을 세워두라

상대방이 자주 이용하는 연락 수단을 확인하자

상대방에게 전화를 할지 메일이나 메시지를 남기는 게 좋을지 헷갈린다면 상대방이 어떤 수단을 자주 이용하는지를 고려하자.

별로 긴급하지 않은 안건이더라도 진행 상황을 빠르게 알기 원하는 사람 중에는 전화를 선호하는 사람이 많다. 또 새로운 기술에 익숙하지 않은 연장자 중에는 전화를 좋아하는 사람이 상대적으로 많다.

이처럼 전화를 활용하는 방법만 잘 알아두면 연락하는 일이 한결 수월해질 것이다.

POINT

전화로는 글로 표현되지 않는 비언어적 뉘앙스를 전달할 수 있다.

▸▸ 3장 ◂◂

쓰면 쓸수록 뇌가 활성화된다

쓰기

학창 시절 선생님이 필기를 강조했던 이유

아웃풋의 기본은 말하기와 쓰기다. 그리고 말하기에 비해 쓰기가 압도적으로 성장을 촉진한다. 학교에서 선생님들이 필기를 강조하는 이유이기도 하다. 쓰기는 왜 중요할까?

글을 쓸 때 우리 뇌 속에서는 망상활성계Reticular Activating System(이하 RAS)가 자극을 받는다. RAS란 뇌간에서 대뇌 전체로 향하는 신경다발이자 신경 네트워크다. 도파민, 세로토닌, 노르아드레날린의 신경계도 뇌간의 중뇌에 있는 RAS로부터 뇌 전체에 뻗어나간다.

알기 쉽게 말하면 RAS란 도카이도신칸센, 도호쿠신칸센, 조에츠신칸센(모두 일본 고속철의 노선명이다)의 시발역인 도쿄역과 같다고 할 수 있다. 그 정도로 RAS는 뇌에서 중요한 위치를 점한다. 때문에 '주의의 사령탑'이라고 불리기도 한다.

RAS는 자극을 받으면 대뇌피질 전체에 "일어나! 조심해! 세세한 부분까지 놓치지 마!"라는 신호를 보낸다. 그러면 뇌는 그 대상에 집중하고 적극적으로 정보를 수집하기 시작한다. 마치 구글 검색창에 키워드를 입력해 정보를 탐색하는 것처럼 말이다.

RAS를 자극하는 가장 간단한 방법이 바로 글을 쓰는 것이다. 그러면 해당 작업에 주의가 집중되어 뇌가 활성화되고 기억력과 학습 능력이 높아진다.

또 RAS는 필터로서 기능한다. 중요하지 않은 정보는 넘기고 중요한 정보를 처리하기 위해 뇌의 주의력을 발동시킨다. 칵테일 파티 효과와 선택적 주의도 RAS가 조절한다.

망상활성계는 뇌의 검색엔진과 같다

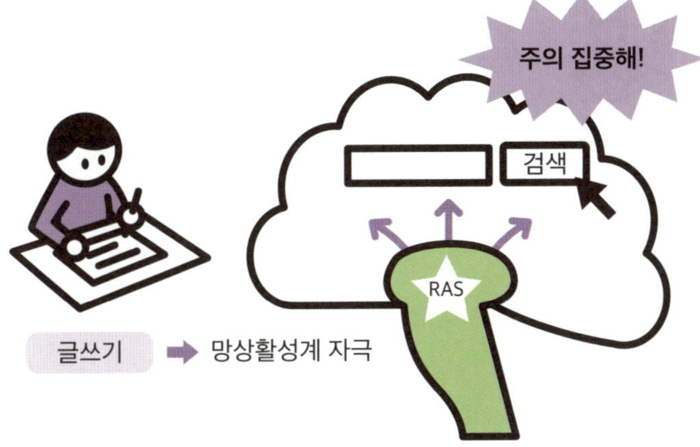

글을 쓰는 행위 자체만으로 그 순간에 적극적으로 주의를 집중하게 만들 수 있다. 그러니 중요하고 기억에 남기고 싶고 더 알고 싶은 정보라면 글로 써보라.

참고로 나는 학창 시절에 시험을 보기 직전에는 볼펜이 사흘에 한 개씩 닳아 없어질 정도로 써댔다. 좌우간 써서 기억했다는 뜻이다. 쓰면 쓸수록 RAS가 자극을 받고 뇌 전체가 활성화된다. 바로 이것이 쓰기의 뇌과학적 효과다.

POINT

쓰기만 해도 뇌는 기뻐하고 집중하고 기억한다.

꼭 손으로 써야 할까?

필기법

쓰면 기억에 더 잘 남고 높은 학습 효과를 기대할 수 있다. 그런데 최근에는 종이 노트가 아닌 노트북이나 태블릿에 필기하는 사람이 많아졌다. 과연 타이핑을 하면 손으로 필기하는 것과 같은 효과를 얻을 수 있을까?

프린스턴대학교와 캘리포니아대학교 로스앤젤레스UCLA의 공동 연구진이 대학생들을 대상으로 강의를 손으로 필기하는 학생과 노트북으로 타이핑하는 학생으로 나누어 비교 연구를 진행했다. 그 결과, 손으로 필기하는 학생의 성적이 대체적으로 더 높았고 더 오래 기억했으며, 새로운 아이디어를 더 잘 생각해내는 경향을 보였다.

또 스타방에르대학교와 마르세유대학교의 공동 연구진은 손으로 필기하는 집단과 타이핑하는 집단으로 나누어 두 그룹 모두에게 20글자로 된 알파벳 문자열을 암기하게 했다. 3주와 6주 후에 문자열을 얼마나 기억하는지 테스트한 결과, 타이핑보다 손으로 필기를 하면 더 잘 기억한다는 사실이 밝혀졌다. 또 손으로 필기할 때와 타이핑할 때 뇌의 작용을 MRI(자기공명영상)로 스캔해 비교했더니 손으로 직접 쓸 때만 언어 처리 기능과 관련된 뇌의 브로카 영역Broca's area이 활성화되었다.

그러니 더 높은 학습 효과를 얻고 싶다면 키보드로 치지 말고 손으로 직접 종이에 써서 기억하자.

필기 방법에 따른 학습 효과

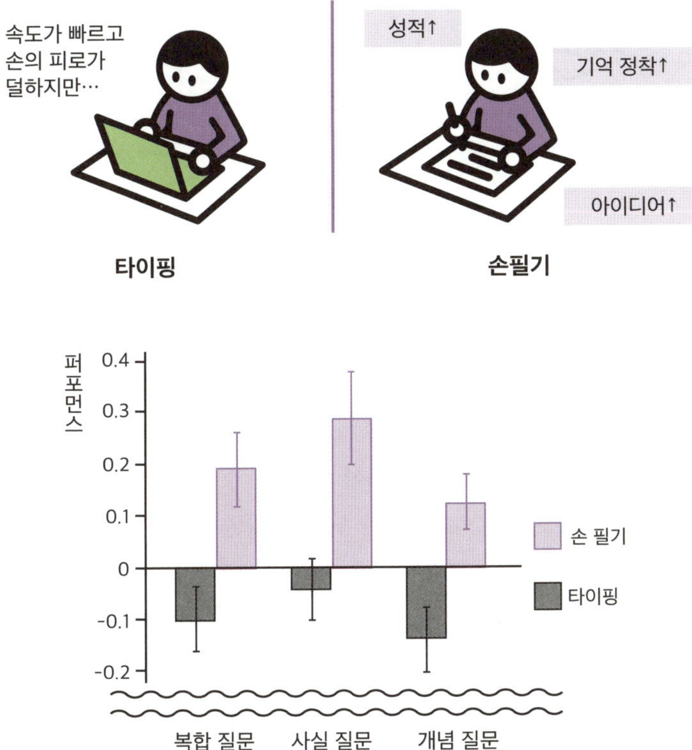

학생들에게 4학점짜리 수업을 듣게 하고 노트북으로 타이핑을 하거나 연필과 종이 노트에 손으로 필기하게 했다. 그다음 주에 10분간 노트에 복습할 시간을 주고 나서 40문항이 담긴 시험지를 풀게 했다.

힘들어도 손을 움직여 써야 효과가 있다.

밑줄만 그어도 뇌는 아웃풋 모드로 변한다

당신은 독서할 때 책에 밑줄을 긋거나 여백에 감상을 적는 '메모파' 인가? 아니면 단 한 글자도 쓰지 않고 '깨끗하게 읽는 파'인가?

총 100명을 상대로 직접 실시한 설문 조사에서는 흥미롭게도 메모파가 70퍼센트, 깨끗하게 읽는 파가 30퍼센트라는 결과가 나왔다.

나는 메모파다. 책을 읽으면서 깨달은 것은 무엇이든 메모를 한다. 마커를 한 손에 들고 중요한 부분에 밑줄을 긋기도 한다.

독서를 할 때 반드시 메모하면서 읽기를 추천한다. 메모를 하면 책의 내용을 더 깊이 이해할 수 있고 기억에도 선명하게 남기 때문이다.

읽기는 대표적인 인풋이다. 그저 읽기만 해서는 기억에 잘 남지 않는다. 수개월이 지나면 거의 잊어버린다. 읽는 행위를 한순간에 아웃풋으로 바꾸는 방법이 바로 메모다.

밑줄을 긋고 필기하는 행위 모두 손을 움직이기 때문에 운동이 되고 아웃풋을 하는 행위다. 그리고 필기를 하면 망상활성계가 활성화

인풋과 아웃풋을 동시에 하는 법

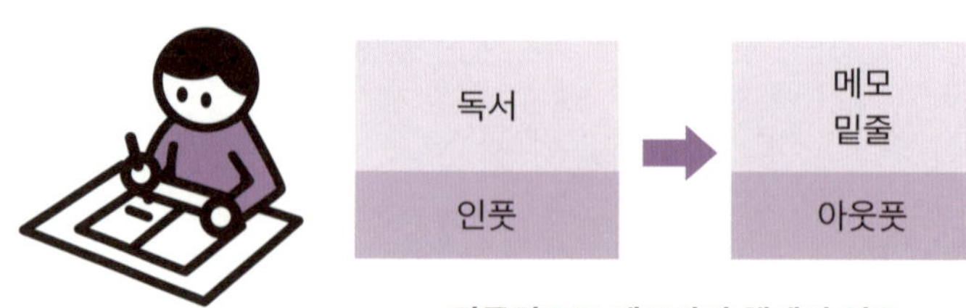

적극적으로 메모하면 책에서 읽은 내용을 잊지 않는다

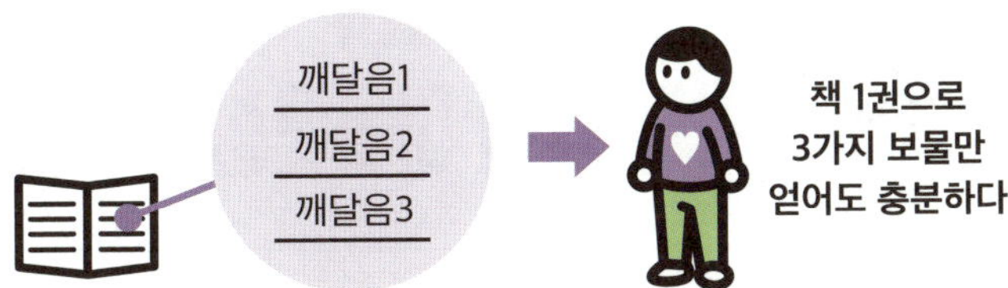

되어 주의하라는 사인이 뇌 전체에 전송된다. 뇌가 활성화되는 것이다. 그러면 밑줄을 그은 키워드에 대해 뇌가 검색을 시작하고, 이를 통해 수동형 독서가 능동적이고 공격적인 독서로 변한다. 특히 책을 읽으면서 깨달음을 얻은 부분에 밑줄을 긋고 메모하기를 추천한다. '오오, 그렇구나', '이건 처음 알았어', '유용한 정보야!'라는 생각이 드는 순간에 뇌의 신경회로가 다시 연결되므로 잊어버리기 전에 적어두어라.

가끔 무작정 책 내용의 3분의 1을 밑줄 그으면서 읽는 사람도 있는데 그러면 어디가 진짜 중요한 부분인지 잘 알 수 없다. 책 한 권을 읽고 정말로 중요하다고 생각되는 부분을 딱 세 군데를 찾아서 밑줄을 긋자. 한 권의 책에서 세 가지 깨달음을 얻었다면 흡사 귀중한 보물을 찾은 것과도 같다. 본전을 뽑았다고도 할 수 있겠다.

책을 읽을 때는 펜과 형광펜을 준비하라.

인풋 직후 써야 가장 많이 아웃풋할 수 있다

아무리 인풋을 잘해도 아웃풋을 하지 않으면 시간이 지나면서 잊어버리게 된다. 가령 영화를 보고 나서 머릿속에 가장 많은 정보가 남아 있을 때는 영화를 보고난 직후다. 3시간쯤 지나면 대사 같이 디테일한 부분은 잊어버리고, 하룻밤이 지나면 한 장면을 세부적으로 묘사하기도 어려워진다.

같은 맥락으로 인풋을 했을 경우에 아웃풋을 하는 최적의 타이밍은 언제일까? 뇌가 가장 많은 정보를 보유하고 있는 순간, 바로 '인풋 직후'다.

다음 사진은 내가 실제로 기록한 노트를 촬영한 것이다. 데이비드 린치 감독의 데뷔작《이레이저 헤드》가 재개봉했을 때, 영화가 끝나자마자 근처 카페에 뛰어 들어가서 30분가량 머릿속에 있는 정보를 단숨에 적어 내렸다. 대사나 장면 묘사, 정보, 생각, 아이디어, 해석,

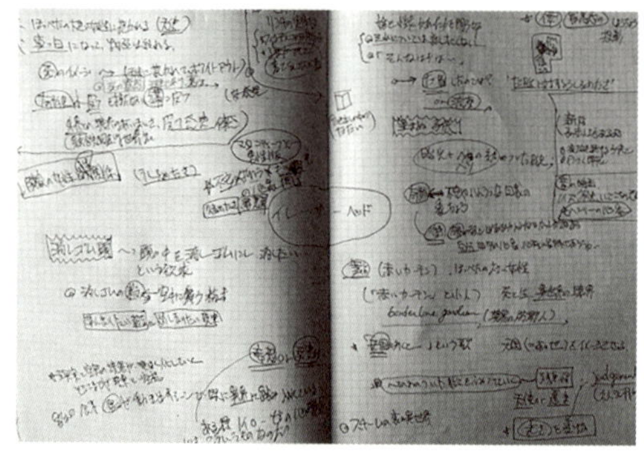

영화《이레이저 헤드》를 본 직후 30분 동안 적어내린 노트

머릿속 정보를 그대로 옮기는 법

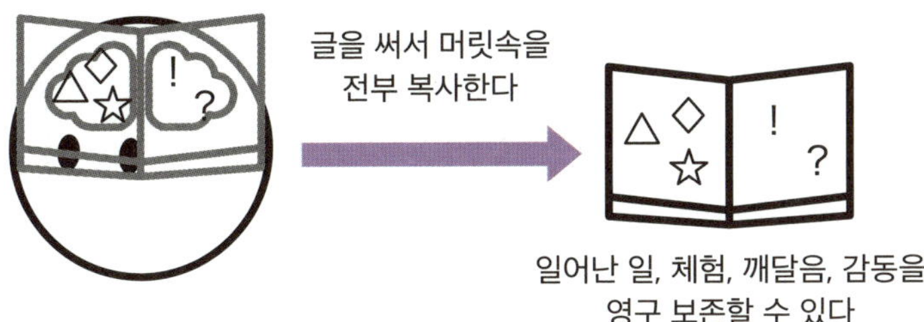

인상 깊은 장면, 영상 등 생각난 것을 A4 크기의 노트 두 페이지에 모조리 적었다.

나는 영화평론가 일도 겸하고 있는데, 논리적인 영화 비평문을 쓰려면 영화를 본 직후에 뇌를 재고 조사라도 하듯이 머릿속에 있는 것을 모조리 꺼내 쓰는 작업이 반드시 필요하다. 그 작업을 하지 않으면 2~3일쯤 지난 후에는 기억이 가물가물해져서 날카로운 평을 내리기가 어려워진다.

당신도 분명 인생에서 아주 신나고 흥분되는 경험을 한 적이 있을 것이다. 연극이나 뮤지컬, 책이나 영화를 보고 깊은 감명을 받거나 여행지에서 인생이 달라질 만한 순간을 맞이한 것 같은 경험 말이다. 그러나 아무리 귀중하고 놀라운 경험을 통해 인풋을 하더라도 아웃풋을 하지 않으면 시간과 함께 점점 소멸하고 무뎌진다. 너무나 아까운 일이다.

하지만 글로 써내면 그 순간의 감동과 정보를 선명하게 남길 수 있다. 이 기록은 평생 남아서 반추할 때만큼은 방금 경험한 것과 같은 감동과 깨달음을 생생하게 전달해줄 것이다.

POINT

휘발되는 정보를 글로 써서 붙잡아라.

낙서하기

아이디어가 떠오르지 않으면 낙서하라

학창 시절, 수업 시간에 수업은 안 듣고 낙서하면서 딴짓하는 친구가 반에 한두 명은 있었을 것이다. 그런 학생들은 흔히 수업에 집중하지 않고 공부에 소홀하다는 이미지가 박혀서 낙서는 마치 좋지 않은 행위로 여겨졌다. 낙서가 집중력을 떨어트린다고 생각하는 사람도 많다.

여기 낙서에 관한 흥미로운 연구 결과가 있다. 영국 플리머스대학교 연구자들은 40명의 실험 참가자를 두 그룹으로 나누어 2분 30초 가량의 통화 내용을 들려주면서 한 그룹에는 그림을 그리는 등 낙서를 하게 했고 다른 그룹에는 통화 내용을 메모하도록 지시했다. 그리고 통화에 등장한 8명의 이름을 얼마나 기억하는지 물어본 결과, 낙서를 한 그룹이 하지 않은 그룹보다 29퍼센트나 더 많은 이름을 기억해냈다. 낙서를 하면 집중력이 떨어져 기억을 못할 거라고 예상했는데 실제로는 그 반대의 결과가 나온 것이다.

이는 낙서가 감정을 자극하기 때문에 기억에 더 잘 남은 것이라고 설명될 수 있다. 기억과 관련한 법칙 중 하나로 '감정이 자극되면 기억력이 좋아진다'라는 법칙이 있다. 일례로 아주 즐거웠던 사건이나 아주 괴로운 사건은 10년 전의 일이라도 선명하게 기억해낼 수 있다. 그림을 그리거나 하트를 표시하는 것만으로도 감정이 자극을 받아서 기억이 강화된다.

이스라엘공과대학에서 실시한 설계 기술 학습에 관한 연구에 따르면, 낙서는 사고하는 머리와 연필을 쥔 손, 종이에 남긴 낙서를 보는 눈 사이의 상호 교환을 활발하게 만들어서 설계도를 완성하는 데

기억을 강화하는 낙서의 놀라운 효과

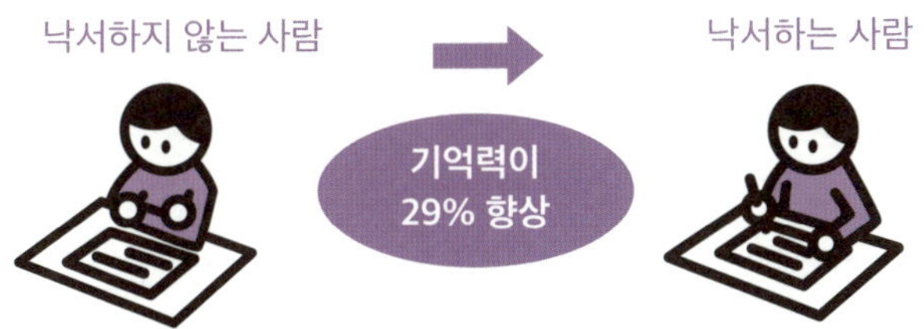

희로애락이 자극받으면 기억력이 좋아진다

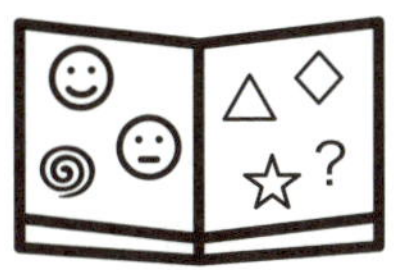

헨리 포드, 스티브 잡스, 다자이 오사무…
창조성으로 유명한 사람들은
모두 낙서를 즐겼다.

정 쓸 게 없다면 얼굴이나 기호를 그려도 좋다

도움이 된다고 한다.

『두들 레벌루션』(아르고나인미디어그룹, 2014)의 저자 수니 브라운은 "낙서는 사고의 수단으로 우리의 정보처리 방법과 문제 해결 방법에 영향을 끼친다. 헨리 포드부터 스티브 잡스까지 위대한 아이디어를 남긴 사람들은 창조적인 활동을 시작하기 위해 낙서를 활용했다"라고 말했다.

또 『인간 실격』으로 유명한 문호 다자이 오사무의 학창 시절 노트가 발견되어 한때 화제를 모은 적이 있다. 그 노트에는 군데군데 낙서가 남겨져 있었는데 대부분이 그의 자화상이었다.

낙서는 결코 나쁘지 않다. 낙서는 기억력과 창조력을 높이는 가장 단순하면서도 최고의 도구다.

낙서는 기억력뿐 아니라 창의력까지 자극한다.

정리하기

뇌의 작업 용량을 관리하라

나는 머릿속에 들어 있는 정보를 모조리 꺼내서 써내는 것을 두고 '뇌의 재고를 조사한다'라고 표현한다. 100퍼센트 기량을 발휘해 뇌를 효율적으로 활용하기 위해서는 이 작업이 필수적이다.

인간의 뇌는 동시에 최대 몇 가지 일을 처리할 수 있을까? 의견이 분분하지만 보통 세 개 정도로 알려졌다.

하루에 일곱 가지 이상의 일정을 소화하게 되면 머리에 패닉Panic이 일어난다. 패닉이란 뇌의 작업 공간 용량이 초과된 상태를 말한다. 다시 말해 뇌 안에 세 개의 선반이 있는데 그 안에 있는 서류(정보)를 처리하고 나면 다음 서류를 처리해야 하고, 이 과정이 끊임없이 반복되는 느낌이랄까? 선반이 비어 있을수록 뇌는 여유를 가지고 효율적으로 일을 진행할 수 있다. 빈 선반이 없다면 뇌는 여유를

뇌의 작업 영역 용량이 초과하지 않도록 즉시 아웃풋하기

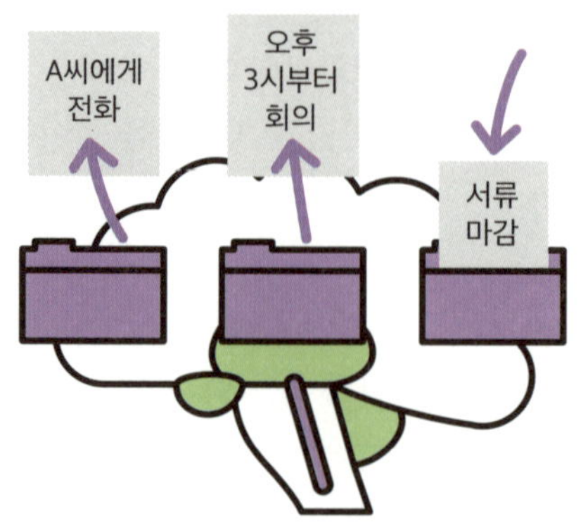

**모두 메모하면
뇌의 선반을 비울 수 있다**

어느 쪽이 일이 잘될까?

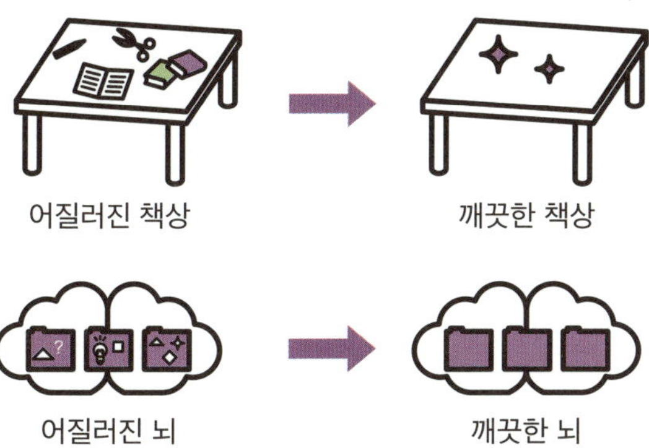

잃고 작업 효율이 떨어진다. 그렇게 되지 않도록 수시로 뇌를 재고 조사해야 한다.

'A씨에게 전화', '오후 3시부터 회의', '오늘 서류 제출 마감' 등 일하는 동안 우리의 머릿속에는 다양한 생각과 번뜩이는 아이디어가 떠오른다. 그것들을 전부 메모장에 적어두는 습관을 길러야 한다. 그리고 수시로 뇌의 선반을 비워주자.

정리하자면, 우리 머릿속에 존재하는 선반에 서류가 들어오는 게 인풋이고 선반을 비우는 과정이 아웃풋이다. 따라서 뇌의 선반을 비워주는 작업을 계속하면 자연스럽게 인풋과 아웃풋의 사이클을 돌게 된다.

재고 조사를 통해 뇌에 빈 선반을 만들면 당신의 업무 속도는 몰라보게 향상될 것이다.

POINT

뇌는 동시에 3가지 일만 처리할 수 있다.

글쓰기의 왕도

많이 읽고 많이 쓰는 수밖에 없다

미국의 베스트셀러 작가 스티븐 킹은 자신의 소설 작법에 대해 쓴 『유혹하는 글쓰기』(김영사, 2017)에서 다음과 같이 말했다.

"작가가 되고 싶다면 반드시 해야 할 일이 두 가지 있다. 많이 읽고 많이 쓰는 것이다. 내가 아는 한 그걸 대체할 방법은 없다. 빨리 가는 지름길도 없다."

작가가 되려면 많이 읽고 많이 쓰는 수밖에 없다는 뜻이다. 글을 잘 쓰는 방법은 이처럼 단순하다.

지금의 나는 50여 권이 넘는 책을 출간하고 유명한 작가로 활동하고 있지만, 불과 20년 전에는 인터넷에서 "가바사와는 문장이 별로야"라면서 자주 욕을 먹었다. 하지만 지금은 굉장히 이해하기 쉬운 문장으로 글을 잘 쓸 수 있게 되었다고 자부한다. 그렇게 되기 위해 많이 읽고 많이 썼다.

책을 읽는 것은 인풋이다. 글을 쓰는 것은 아웃풋이다. 많이 읽고 많이 쓰라는 것은 인풋과 아웃풋의 사이클을 꾸준히 돌라는 의미다.

이 과정에서 중요한 것이 바로 피드백이다. 아무리 많은 글을 써도 피드백을 거치지 않으면 실력이 늘지 않는다. 그저 쳇바퀴 돌듯 인풋과 아웃풋의 사이클을 맴돌기만 한다면 성장 없이 계속 똑같은 수준의 글을 쓰게 될 뿐이다.

피드백은 다른 사람에게 글을 보여주고 조언, 평가, 수정할 점, 개선할 점, 장점, 단점 등의 솔직한 감상을 받는 과정이다. 가장 간단하게 피드백을 받는 방법은 SNS와 블로그에 글을 올리는 것이다. '좋

SNS나 블로그에 글을 써야 하는 이유

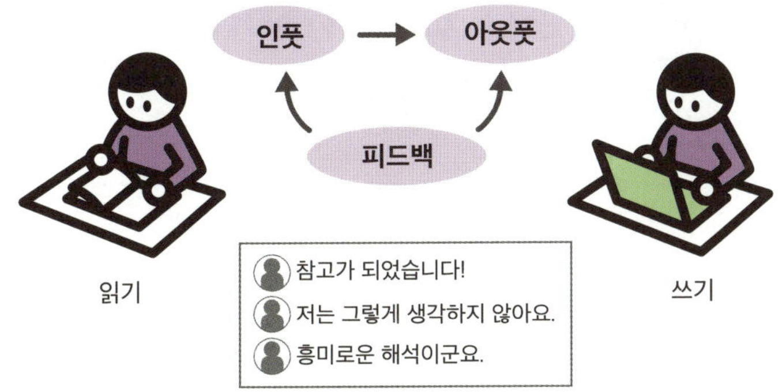

아요'를 누른 수, 조회수 그리고 댓글 모두가 전부 훌륭한 피드백이자 자기 성장의 거름이 된다.

비판을 받을까 봐 두려워서 주저하는 사람이 많다. 하지만 누구도 읽지 않고 비판하지 않는다면 백만 자를 써도 실력은 늘지 않는다. 누군가 읽을 글이라는 것을 의식하면 긴장감이 생기고 집중력이 높아지면서 자연스레 더 좋은 글을 쓰고 싶은 자극이 들 것이다.

본격적으로 글을 쓰기 전에 글쓰기와 관련된 책을 한번 읽어보자. 글쓰기의 기본도 알지 못한 채 무작정 쓰기만 한다면 자기류自己流(객관적 기준이나 남이 하는 방식을 전혀 따르지 않고 주관에 따라 독창적으로 행동하는 방식)에 그칠 뿐이다. 특히 직장인을 대상으로 문장력을 기르는 법을 알려주는 책을 찾아서 읽어볼 것을 추천한다.

POINT

더 좋은 글을 쓰고 싶다면 많이 써야 한다.

개요 쓰기

설계도를 작성하면 3배로 빨라진다

글쓰기에 관해 사람들이 가장 많이 하는 고민은 '글솜씨가 없다'라는 것이고, 두 번째는 '글을 쓰는 데 시간이 오래 걸린다'이다. 가령 블로그를 시작한 것까지는 좋았는데 "글 하나를 쓰는 데 2시간이나 걸려요. 시간이 너무 오래 걸려서 계속할 수가 없습니다"라고 말하는 사람이 많다.

글을 빨리 쓰는 비법은 딱 두 가지다. 첫 번째는 시간을 정해서 쓰는 것이다. 오랜 시간을 들여 쓰면 좋은 글을 쓸 수 있다고 생각하는 사람이 대부분이지만 완전한 착각이다. 블로그에 1시간 동안 쓰던 글을 2시간에 걸쳐 쓴다고 글 수준이 2배로 높아지지는 않는다. 20퍼센트 정도라면 모를까.

나 역시 책을 집필할 때 기한 없이 글을 쓰면 시간만 질질 끌 뿐

글을 빨리 쓰는 요령

시간을 정해서 쓴다

개요를 쓴 다음 작성한다

결혼식 축하 연설

1 첫인사
2 신랑(신부)과 자신의 관계
3 재미있었던 일화
4 마무리 말

개요 작성하는 법

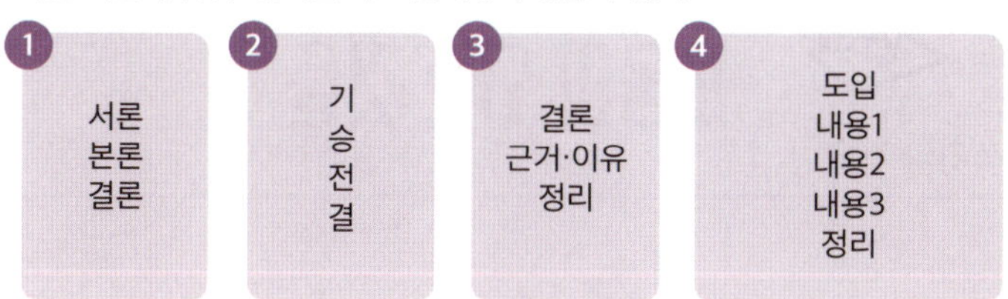

좋은 글이 나오지 않는다. 반면에 기한을 정해서 단숨에 집중해서 쓰면 글을 쓰는 속도와 더불어 문장의 질이 향상된다.

따라서 '블로그 글은 30분 안에, 업무 보고서는 1시간 안에 쓰기' 처럼 마감 기한을 설정하는 것이 좋다. 처음에는 어려울지도 모르지만 제한 시간을 정해서 글을 쓰는 습관을 들이면 뇌가 이 훈련에 익숙해져서 단시간에 수준 높은 글을 쓸 수 있게 된다.

글을 빨리 쓰기 위한 두 번째 비결은 먼저 구성을 하고 난 다음에 쓰는 것이다. 글을 쓸 때 깊게 생각하면서 쓰는 사람이 대부분이다. 한 문장을 쓰고 그다음 줄에는 뭐라고 쓸지 일일이 생각한다. 정작 입력하는 시간보다 생각하는 시간이 대부분을 차지하는 것이다.

글을 쓰기 전에 어떤 글을 쓸지 미리 구성을 정하면 머릿속에 구체적인 이미지가 만들어져서 첫 글자를 쓰는 순간부터 노도와 같은 기세로 쭉 써내려갈 수 있다. 나의 경우에는 미리 구성을 정하고 썼을 때 쓰는 속도가 3~4배는 빨라졌다.

구성을 정하지 않고 글을 쓰는 것은 설계도를 그리지 않고 집을 짓는 것과 같다. 글을 쓰기 전에 반드시 먼저 토대를 만들자.

구성에 조금만 시간을 들이면
글은 저절로 써진다.

쓰기의 기술

별것 아닌 것 같지만 도움이 되는 것들

지금 시대에 원고지에 연필로 글을 쓰는 사람은 거의 없다. 컴퓨터로 업무를 볼 때 키보드를 빠르게 입력하는 역량이 필수가 되었다. 다음 두 가지 팁을 살펴보자.

언제나 같은 입력 환경을 조성하기

회사에서는 회사 컴퓨터, 이동 중에는 태블릿, 집에서는 개인 노트북을 쓰는 식으로 여러 기기를 사용하는 사람이 많을 것이다. 사용하는 키보드나 마우스에 따라 미묘하게 터치감이 달라져서 입력 속도가 떨어진다는 사실을 간과하기 쉽다. 그래서 나는 노트북 한 대만 사용한다. 집에 데스크톱 컴퓨터도 따로 두고 있지 않다. 언제나 같은 키보드, 마우스, 마우스패드를 쓴다. 이렇게 하면 가장 빠른 입력 속도가 유지된다.

복수의 기기를 사용하면 효율 하락

대표 단축키

	Windows	Mac
복사	Ctrl + C	Command + C
잘라내기	Ctrl + X	Command + X
붙여넣기	Ctrl + V	Command + V
실행 취소	Ctrl + Z	Command + Z
다시 실행	Ctrl + Y	Shift + Command + Z

일단 이 5가지만 사용해도 효율이 현저하게 높아진다.

단축키 활용하기

단축키란 컴퓨터 자판의 컨트롤Ctrl 키와 알트Alt 키를 다른 키와 조합해서 기능을 작동시키는 키를 말한다. 익숙해지면 마우스를 사용하는 것보다 훨씬 빠른 시간에 입력할 수 있으므로 시간 단축을 위해 꼭 필요한 테크닉이다. 컴퓨터를 오래 사용한 사람에게는 상식이지만 의외로 모르는 사람도 많다.

최근에는 구글 문서Google Docs 음성 입력의 정밀도가 꽤나 높아져서 말하기에 자신이 있는 사람이라면 음성 입력 기능을 활용해보는 것을 추천한다. 입력 속도가 몇 배나 빨라질 것이다.

요즘 같은 시대에 컴퓨터 활용 능력은 필수다. 컴퓨터 조작에 능숙하면 업무 속도가 2배 빨라진다고 해도 과언이 아니다. 위 방법을 조합해서 각자에게 맞는 입력 방식을 찾아보자.

POINT

편리한 기능을 십분 활용해 업무 속도를 높여라.

41

투두리스트

아침에 3분만 투자하면 하루가 달라진다

내가 아침 책상에 앉아서 일을 시작할 때 제일 먼저 하는 일이 있다. 투두To do리스트를 작성하는 일이다.

| 투두리스트의 놀라운 효과 |

아침에 일어난 직후 2~3시간은 하루 중에서 가장 집중력이 높은 뇌의 골든 타임이다. 이 귀중한 시간에 투두리스트부터 작성하는 이유는 이 작업이 하루 중 가장 중요한 일이기 때문이다. 왜 매일 투두리스트를 작성하냐고? 투두리스트에는 놀라운 이점이 있다.

하루의 흐름을 확인할 수 있다

투두리스트는 오늘 하루 동안 해야 할 일, 업무, 과업을 정리해 열거한 리스트다. 즉 리스트를 작성하면 일의 흐름이 머릿속에서 그려진다. 이렇게만 해도 할 일을 모두 성공적으로 끝낸 나의 모습을 이미지 트레이닝 할 수 있어 동기부여가 된다.

투두리스트는 하루의 일 설계도라고 할 수 있다. 설계도를 그리지 않으면 그때그때 되는 대로 계획 없이 일을 하거나 중요한 용건을 깜빡 잊고 기한 내에 끝내지 못해서 기어이 야근을 하게 된다.

단 3분만 시간을 내서 투두리스트를 작성하고 효율적으로 업무를 배정하자. 이 작업에 따라 일의 효율이 몇십 퍼센트나 차이 난다.

집중력이 흐트러지지 않는다

투두리스트를 작성하지 않는 사람은 어떤 일이 끝나면 '이제 무슨 일을 할까?'를 생각한다. 그 순간, 높아졌던 집중력은 도로 0으로 수렴한다. 낮아진 집중력이 회복되려면 몇 분이 소요되니 한 가지 일이 끝날 때마다 시간을 낭비하는 셈이다.

400미터 릴레이 경기에서 주자가 교대될 때마다 바통을 떨어트리는 팀과 바통을 떨어트리지 않고 달리는 팀 중 어느 팀이 좋은 기록을 낼까? 당연히 후자다. 그러나 어찌된 영문인지 현실에서는 유독 "다음에는 무슨 일을 할까?"라면서 일일이 바통을 떨어트리는 사람이 많다.

투두리스트만 있으면 다음에 해야 할 일이 무엇인지 알 수 있으므로 높은 집중력과 속도를 그대로 유지한 채 부드럽게 다음 일로 바통을 넘길 수 있다.

무심코 실수하는 횟수가 줄어든다

일이 몰리면 회의 일정이나 서류 제출 마감일을 무심코 잊어버리는 실수를 저지르기가 쉽다. 투두리스트에는 그날의 중요한 일과 스케줄이 전부 적혀 있으므로 이것만 있으면 실수 빈도를 대폭 줄일 수 있다.

기억은 의외로 정확하지 않을 때가 많다. 기억에만 의지하지 않고 투두리스트를 참조하면, 일을 할 때 실수를 줄일 수 있다.

워킹 메모리의 용량이 늘어난다

인간의 뇌가 한번에 처리할 수 있는 정보량에는 한계가 있다. 동시에 처리할 수 있는 일은 세 가지다. 이 이상을 넘으면 뇌는 거의 기능 정지 상태에 빠진다.

본인은 깨닫지 못하더라도 머릿속이 이 일 저 일을 동시에 처리해야 하는 상태가 되면 업무 효율이 현저히 떨어진다. 해야 하는 일의 내용, 일정, 진행 상황 등을 전부 투두리스트에 적으면 워킹 메모리를 효과적으로 이용할 수 있다. 목전에 있는 한 가지 일에 모든 집중력을 쏟아내 업무 효율이 크게 향상된다.

| 투두리스트의 3원칙 |

최근 많은 비즈니스 책에서 "투두리스트는 효과가 없다"라는 비판이 심심찮게 보이지만 그런 사람은 리스트를 잘못 사용했을 가능성이 크다. 예를 들어 스마트폰에 투두리스트를 입력하는 식으로 말이다. 투두리스트의 효과를 최대화하려면 다음의 세 가지 원칙을 지키는 게 좋다.

종이에 쓰기

투두리스트를 작성할 때 절대 스마트폰에 입력하지 말라. 스마트폰은 유혹덩어리 그 자체다. 우리는 일이 일단락될 때마다 화면을 보는데, 투두리스트를 작성하려고 폰을 열면 메시지를 확인하거나 뉴스를 읽는 등 샛길로 빠질 위험성이 매우 높다.

따라서 투두리스트는 종이에 직접 쓰거나 워드 등의 디지털 기기를 이용해 작성한 후에 종이로 인쇄해서 보면 좋다.

늘 책상 위에 두기

종이에 인쇄된 투두리스트는 작업하는 책상 위에 항시 올려 두자. 다음 일로 넘어갈 때, 바로 확인할 수 있도록 눈에 띄는 곳에 놔두는 것이 중요하다.

집중력이 떨어지지 않도록 도와주는 것이 투두리스트인데, 애먼 곳에 놔둔 리스트를 바로 확인하지 못해서 찾는 동안 집중력이 떨어지면 무용지물이다.

투두리스트의 예

월 일

분류	완료	투두리스트 내용
오전 1시		
오전 2시		
오전 3시		
오후 1시		
오후 2시		
오후 3시		
매일 할 일1		
매일 할 일2		
매일 할 일3		
틈날 때 할 일1		
틈날 때 할 일2		
틈날 때 할 일3		
취미1		
취미2		
취미3		
기타1		
기타2		
기타3		

사용법

1) 오전 중에 해야 할 일을 3가지 적는다.
2) 오후에 해야 할 일을 3가지 적는다.
3) 매일 하는 일(일상 업무)을 3가지 쓴다.
4) 틈이 날 때마다 할 수 있는 일을 3가지 쓴다.
5) 업무 외 개인 스케줄(약속, 취미 활동)을 3가지 쓴다.
6) 다 쓰지 못한 것(중요도가 낮은 일)은 기타란에 쓴다.

완료하면 유쾌하게 사선 긋기

리스트에 적힌 항목 하나를 완료하면 사선을 그어 호쾌하게 지우자. 그러면 '끝났다!'라는 성취감을 맛보는 동시에, 동기부여의 원천이 되는 도파민이 분비되어 '다음에도 열심히 하자!'라는 식으로 의욕이 높아진다. 내가 사용하는 투두리스트 양식을 공개한다.

POINT

투두리스트가 있으면 "이제 무슨 일을 하지?"라면서 집중력을 낭비하지 않는다.

뇌의 신경회로를 재배선하는 방법

아주 좋은 아이디어가 떠올랐는데 불과 3분 후에 그 아이디어를 까맣게 잊어버린 경험을 한 적이 있지 않은가? 번뜩이는 생각, 아이디어, 깨달음처럼 뇌에서 일어나는 한순간의 반짝임은 신경세포의 발화, 쉽게 말하자면 불꽃과도 같아서 한순간에 사라진다.

인간은 무언가를 깨달았을 때 뇌의 신경회로가 새롭게 연결된다. 뇌과학 분야에서는 이런 순간을 '아하! 순간Aha Moments'이라고 부른다. '아하'의 어원은 영어의 'Aha'로, "아, 그렇구나!" 하고 깨달음을 얻는 순간을 가리킨다.

뇌과학자 모기 겐이치로는 "'아하! 순간'이 일어나면 0.1초라는 짧은 시간 동안 뇌의 신경세포가 활발하게 활동하고 이에 따라 세상을 보는 견해가 급격히 달라진다. 그리고 신경세포가 다시 연결되어 단발 학습이 완료되면 지금까지와 다른 내가 된다"라고 말했다. '앗, 그렇구나!'라고 생각한 순간에 뇌의 신경회로와 배선이 다시 연결되고, 새로운 선로가 생기고, 불과 몇 초 전의 자신과는 다르게 성장한

'아하! 순간'으로 자기 성장

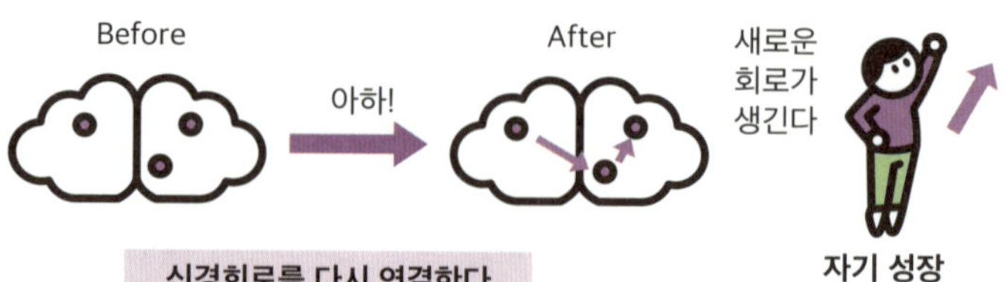

깨달음을 얻으면 30초 안에 메모하기

다는 뜻이다.

뇌에 새로운 경로가 형성되면 초기에는 '짐승이 다니는 길'과 같아서 그냥 내버려두면 길이 없었던 원래의 상태로 되돌아간다. 그 시간은 불과 30초에서 1분이다. 잠에서 막 깼을 때는 선명하게 기억나던 꿈이 1분만 지나도 희미해지고 10분이 넘으면 기억에서 완전히 사라지는 것도 이러한 이유 때문이다.

따라서 '아하! 순간'을 통해 새로운 아이디어가 순간적으로 떠오르면 즉시 기록을 해야 한다. 가능하면 30초 안에, 늦어도 1분 안에는 메모를 하자.

아웃풋을 한다, 즉 글을 쓰는 것은 정보를 사용한다는 뜻이다. 정보를 쓰면 쓸수록 짐승이 다니는 길(신경회로)은 점점 넓어지고 농로가 되고 마지막에는 포장 국도가 된다. 이는 성장하고 있음을 의미한다. 그 첫걸음이 바로 '아하!'의 순간이다. 그러니 깨달음을 얻으면 반드시 30초 안에 메모를 하자.

POINT

번뜩이는 생각은 30초면 사라지니 메모로 붙잡아라.

아이디어 도출

창조성은 가만히 있을 때 오히려 발휘된다

아이디어가 번쩍 떠오르지 않고, 좋은 발상이 떠오르지 않는다…. 아이디어를 내야 하거나 기획서 마감 기한이 다가오는데 생각이 나지 않을 때만큼 괴로운 순간도 없다. 최근의 뇌과학 연구는 번뜩이는 아이디어를 얻는 방법을 규명하고 있다.

2018년 2월 4일 방송된 〈NHK 스페셜 '인체' 뇌가 놀랍다! 번뜩이는 아이디어와 기억의 정체〉에서 이와 관련된 내용을 확인할 수 있었다. '번뜩인다'라는 건 어떤 상태일까? 이를 조사하기 위해 아쿠타가와상(순문학을 대표하는 일본의 문학상) 수상 작가인 코미디언 마타요시 나오키의 뇌를 MRI로 촬영했다. 놀랍게도 그가 번뜩이는 생각을 했을 때의 뇌 상태는 멍하니 있을 때의 뇌 상태와 흡사했다. 단, 멍을 때린다고 해서 뇌가 활동을 멈췄던 것은 아니고 오히려 드넓은 영역에서 일제히 활동하는 모습이 기록되었다.

번뜩이는 발상을 했을 때 뇌의 상태는?

창조성의 4B

아이디어가 잘 떠오르는 장소

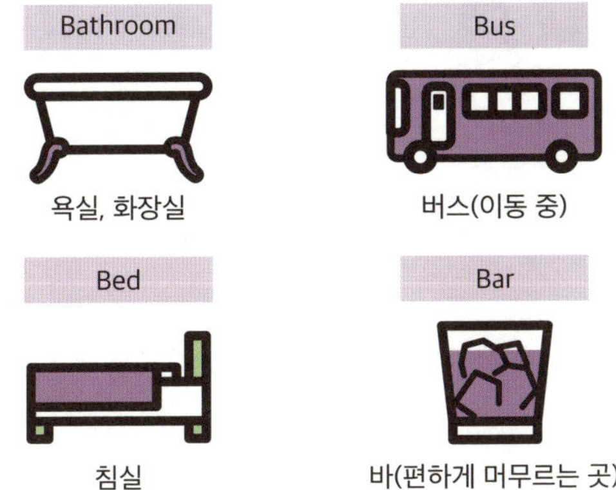

『스웨덴식 아이디어북』(펭귄카페, 2013)에 따르면 '창조성의 4B'라는 것이 있다. 아이디어가 잘 떠오르는 장소로 Bathroom(화장실, 입욕 중), Bus(교통수단, 이동 중), Bed(수면 중 또는 취침 전후), Bar(긴장을 풀고 편안히 있을 때) 네 군데를 가리키는 말이다.

입욕 중에 발견된 '아르키메데스의 원리Archimedes's principle'나 꿈속에서 뱀이 자신의 꼬리를 문 채 뱅글뱅글 도는 모습을 보고 영감을 받아 창안된 '벤젠고리benzene ring 구조'와 같은 역사적인 발견도 창조성의 4B와 관계가 있다. 4B의 공통점은 긴장을 풀고 편안히 있거나 멍하니 있는 상태라는 점이다. 이는 앞서 언급한 MRI 실험 결과와도 맥락을 같이 한다.

번뜩이는 생각을 하기 위해서는 뇌를 활성화해야 한다고 생각하기 쉽다. 하지만 때로는 긴장을 풀고 편안한 시간을 보내거나 멍 때리는 일이 더 도움이 될 때가 있다.

POINT

번뜩이는 아이디어가 필요하면 생각을 멈추고 멍하니 있어보라.

멍 때리기

뇌에게도 쉬는 시간은 필수다

이따금 SNS에 "오늘 하루 아무것도 하지 않고 멍 때리면서 시간을 보냈다"라는 글이 올라온다. 멍하니 보내는 시간을 아깝다고 생각하는 현대인이 아주 많은 것 같다.

멍 때리는 것과 아웃풋은 관계가 없다고 생각할지 모르지만, 실은 멍하니 있는 시간은 양질의 아웃풋을 위해 필수다.

최근 뇌과학 연구에서 멍 때리기의 중요성이 증명되었다. 특히 아무런 작업도 하지 않고 멍하니 있는 상태, 즉 넋 놓고 있는 상태일 때 뇌내에서는 디폴트 모드 네트워크Default Mode Network가 활발하게 가동된다. 디폴트 모드 네트워크란 말하자면 뇌의 대기 상태다. 뇌는 이 상태에서 앞으로 자신의 몸에 일어날 만한 일을 시뮬레이션하거나 과거 경험과 기억을 정리·통합하고 지금 처해 있는 상황을 분석하는 작업을 한다. 이를 통해 다양한 이미지와 기억을 상기시켜서 자신의 미래를 더 좋게 만들기 위한 준비를 하는 것이다.

워싱턴대학교 연구에 따르면 디폴트 모드 네트워크를 가동시키고 멍하니 있을 때, 오히려 뇌내에서는 평소에 활동할 때보다 15배나 많은 에너지가 소비된다는 사실이 밝혀졌다. 즉 뇌는 활동할 때보다 멍하니 있는 상태가 더 중요하다.

바로 직전에 멍하니 있는 상태에서 번뜩이는 생각이 더 잘 떠오른다고 언급했는데, 그 이유는 바로 멍하니 있는 상태에서 디폴트 모드 네트워크가 활성화되기 때문이다.

디폴트 모드 네트워크가 가동되는 시간이 적으면 생각과 행동의

디폴드 모드 네트워크

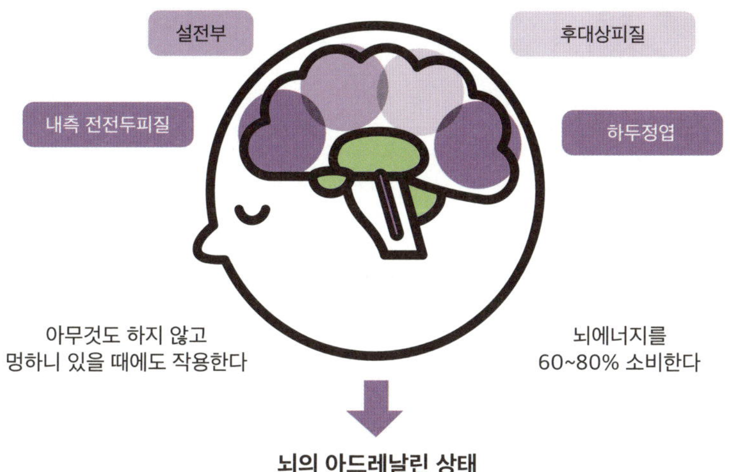

조율을 담당하는 전전두피질의 기능이 저하된다. 결과적으로 주의력, 집중력, 사고력, 판단력, 기억력, 상상력 등이 저하되고 뇌의 노화가 빠르게 진행된다.

멍 때리는 시간이 아깝다면서 한가한 시간에 스마트폰을 보거나 게임을 하고 텔레비전 앞에서 시간을 흘려보내는 사람이 많다. 그러나 뇌에 쉴 틈을 주지 않는다면 디폴트 모드 네트워크의 활동을 방해해서 뇌는 쉽게 피로해지고, 결과적으로 뇌의 작용을 퇴화시키는 원인이 된다. 그러니 때로는 아무것도 하지 말고 멍하니 있는 시간을 가져보자.

POINT

뇌는 디폴트 모드 네트워크를 가동시켜 경험과 기억을 정리·통합한다.

생각 정리의 기술

생각의 도약을 끌어내는 4단계

앞에서 멍 때리기의 중요성을 설명했다. 그렇다면 목욕탕에 들어가서 3시간쯤 가만히 있으면 번쩍하고 최고의 아이디어가 떠오를까? 모순적이지만 그렇지 않다.

정치학자 월러스Graham Wallas가 제창한 '창의적 사고 과정'을 참고하자. 말 그대로 번뜩이는 아이디어를 얻는 4단계 프로세스다.

먼저 1단계는 준비Preparation다. 많은 책과 자료를 읽고 노트와 카드에 메모를 한다. 브레인스토밍을 한다. 팀원을 모아 논의와 토론을 한다. 즉, 현재 직면하고 있는 문제와 과제를 정면으로 맞닥뜨리고 철저히 씨름해야 한다.

2단계는 부화Incubation다. 닭이 알을 품고 병아리가 태어나는 과정이 부화인데, 이처럼 아이디어를 한동안 방치하거나 품고 있다가 어느 순간 번쩍 떠오르게 만드는 과정이다. 문제와 철저히 씨름했다면 문제를 잠시 내버려둬라. 휴식을 취하고 멍 때리는 여유를 가져라. 그 시간은 몇 시간, 며칠 또는 그 이상이 될 수 있다. 때가 되면 어느 순간 갑자기 아이디어가 번쩍 떠오를 것이다.

이때 창조성의 4B를 활용할 수 있다. 문제와 철저히 씨름한 후에 긴장을 풀고 느긋한 시간을 보내자. 아무것도 하지 않는 것 같아도 실제로 뇌 안에서는 디폴트 모드 네트워크가 활성화되어 무의식중에 정보가 재편되고 서로 연결된다. 결과적으로 아이디어가 번쩍하고 떠오르는 3단계 조명Illumination에 이르게 된다.

그리고 마지막으로 그 아이디어가 정말로 맞는지 이론적·현실적

생각 정리의 4단계 프로세스

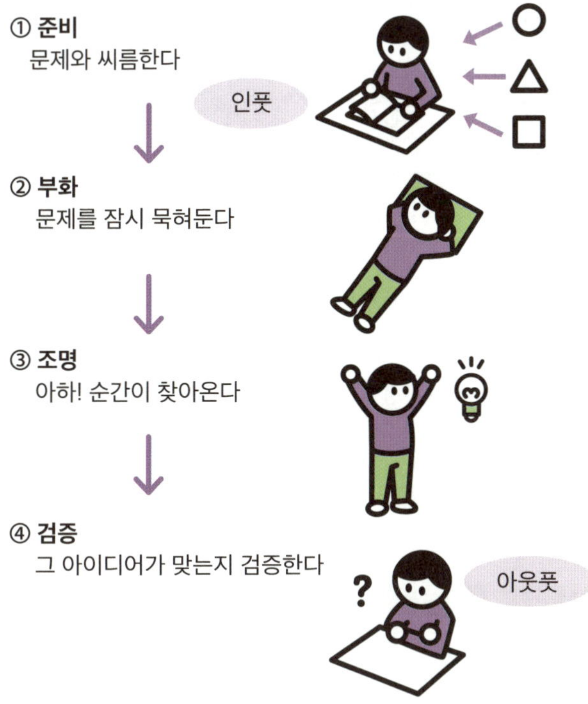

으로 검증Verification한다.

번쩍이는 아이디어를 얻기 위해서는 부화 기간, 즉 방치한 채 긴장을 풀고 느긋하게 지내는 시간이 필요하다. 오랜 시간 책상 앞에서 머리를 싸매고 있어봤자 디폴트 모드 네트워크가 억제되어서 오히려 아이디어가 떠오르지 않는다.

책상 앞에서 해결책이 나오지 않는다면 한동안 방치하라.

마인드맵

메모지를 활용해 브레인스토밍하라

나 역시 책을 쓸 때 좀처럼 좋은 아이디어가 떠오르지 않거나 정리되지 않는 순간이 있다. 이럴 때 활용할 수 있는 도구가 작은 메모지 형태의 카드다. 카드에 생각나는 것을 차례로 써내려가다 보면 예상하지 못했던 아이디어가 줄줄이 떠오른다.

| 카드를 활용해 아이디어를 떠올리는 방법 |

내가 쓰는 카드는 문구점에서 흔히 파는 125×75mm짜리 정보 카드다. 무지, 모눈, 줄, 사색 등 종류가 다양하니 각자가 쓰기 편한 카드를 선택하자. 명함 사이즈도 있지만 적을 수 있는 공간이 너무 작으니 이보다 약간 큰 사이즈를 추천한다.

125x75mm짜리 정보 카드

① 일단 쓰기

예를 들어 『일하면서 바로 써먹는 아웃풋×성과 도감』이라는 책의 내용을 구성할 때 '아웃풋'이라는 단어를 떠올리면 생각나는 것을 카드 한 장에 한 개씩 적는다. 30개 정도면 충분하다.

② 연상하기

그렇게 쓴 30장의 카드 중에 하나를 골라 연상되는 것을 또 다른 카드에 적는다. 예를 들어 "아이디어를 낸다"라고 적혀 있는 카드를 보고 "창조성의 4B", "NHK 스페셜 마타요시의 데이터", "스마트폰은 창조성을 떨어트린다" 등의 내용을 각각 적는다.

이 작업을 여러 번 반복한다. 하나의 키워드에 고구마 줄기를 엮듯이 자신의 지식과 경험, 과거에 읽은 책, 논문 내용 등 생각나는 것은 무엇이든 좋으니 최대한 많이 적어라. 이 단계에서는 질보다 양이 우선이다.

③ 100장 채우기

앞의 두 과정을 더 이상 아이디어가 떠오르지 않을 때까지 반복한다. 통상 100장 정도 쓰면 할 만큼 했다는 느낌이 들기 마련이다. 50장은 적은 감이 있으니 최소 100장을 목표로 하자.

100개를 써냈다면 책 한 권을 쓰는 데 충분한 자료를 갖췄다고 할 수 있다. 이 작업은 세미나나 강연을 준비하거나 기획서를 쓸 때도 큰 도움이 된다.

④ 카테고리별로 분류하기

카드 100장을 카테고리별로 배치한다. 비슷한 내용끼리 카드를 분류하는 과정이다. 카테고리 이름은 대표 카드 한 장에 써두자. 가령 이 책을 쓰기 위해 처음에 아이디어를 낼 때는 기본 규칙, 쓰기, 말하기라는 세 가지 카테고리로 분류했다.

이 작업을 하면 새삼 다양한 사실을 알게 된다. 이 책을 집필하려고 준비 중일 때 기본 규칙, 쓰기, 말하기로 분류할 수 없는 카드가 나왔다. 시작하기, 도전하기, 잠자기 등이 해당된다. 이를 다른 카테고리로 분류하지 않으면 안 된다. 그래서 '행동하기DO'라는 새로운 카테고리를 만들었다.

⑤ 카테고리를 다시 분류하기

카테고리 분류가 잘되지 않을 때는 다시 처음으로 돌아가 다른 카테고리를 만들어서 재분류한다. 이때, 앞서 했던 작업을 사진으로 남기고 참고해서 재분류하면 편하다. 전체적으로 잘 정돈되어서 '이만하면 됐다!'라는 생각이 들 때까지 반복한다.

⑥ 디지털 기기에 정리하기

아이디어와 구성이 정리되면 이제는 디지털 기기에 아이디어를 꼼꼼하게 정리한다. 이때 도움이 되는 것이 워드의 다단계 목록 기능이다. 체계적으로 정리하기에 아직 내용이 충분치 않다 싶으면 일단 노트에 손으로 써서 대충 정리하는 것도 좋다.

이상이 내가 일상적으로 카드를 활용해서 브레인스토밍을 하고 아이디어를 내는 방법이다.

인간의 뇌는 기억과 기억이 고구마 줄기가 엮이듯 줄줄이 이어져 있다고 한다. 즉 카드로 아이디어를 내는 것은 뇌과학적으로도 아주 효과적인 방법이다.

이 방법을 잘 활용해서 놀라운 아이디어가 샘물처럼 퐁퐁 솟아나는 경험을 해보기를 바란다.

카드를 사용해 아이디어 내기

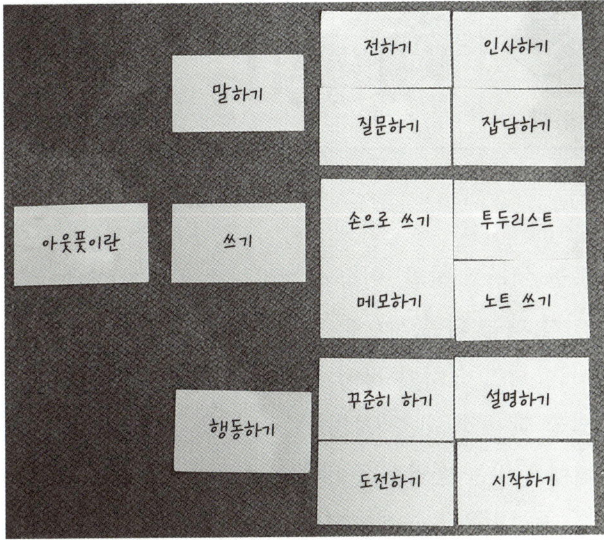

이 책을 집필하기 전에 실제로 썼던 카드

100장을 채운 후에 카테고리별로 배치한다

다시 생각해보고 싶을 때는 사진을 찍은 후에 재분류한다

고구마 줄기 엮듯이 줄줄이 엉킨 아이디어를 꺼내서 '이거다!'라는 생각이 들 때까지 반복한다

POINT

메모지에 아이디어를 적으면 구조화하기 쉽다

노트 정리

나는 여러 권의 노트를 쓰지 않는다

막상 노트를 쓰려고 하면 '어떻게 정리하면 좋을까?'라는 문제에 봉착한다. 이럴 때는 다른 사람의 방법을 참고하면 좋다. 노트 정리법을 설명하는 책이 산처럼 많이 나와 있으니 자신의 목적과 성격에 맞는 방법을 찾아서 실천해보자. 정답이 있는 게 아니니 직접 써보면서 자신에게 맞는 방법을 찾아봐도 좋겠다.

내 노트 정리법을 궁금해하는 독자들도 있어서 참고용으로 여기서 공개한다. 이 방법이 모두에게 적용될 수 있을지 알 수 없지만 나의 경우 10년 가까이 이 방법을 활용해왔으므로 그 나름대로 잘 다듬어진 방법이라고 생각한다.

노트 1권에 전부 정리하기

나는 노트에 세미나·강연 필기, 세미나·출판 아이디어, 강의록, 회의록, 영화 감상문 등 내가 하는 아웃풋의 모든 내용을 기록하는데, 전부 노트 한 권에 적는다.

업무용과 개인용으로 분리하거나 여러 개의 노트를 나눠 쓰는 사람들이 많지만, 나중에 '어느 노트에 썼더라?'라면서 헷갈릴 가능성이 아주 높기 때문에 개인적으로 추천하지 않는다.

한 권의 노트에 모든 걸 시간순으로 기록해두면 나중에 대충 시기를 떠올리는 것만으로 해당 페이지를 쉽게 찾아볼 수 있다. 압도적으로 복습하기가 편하다.

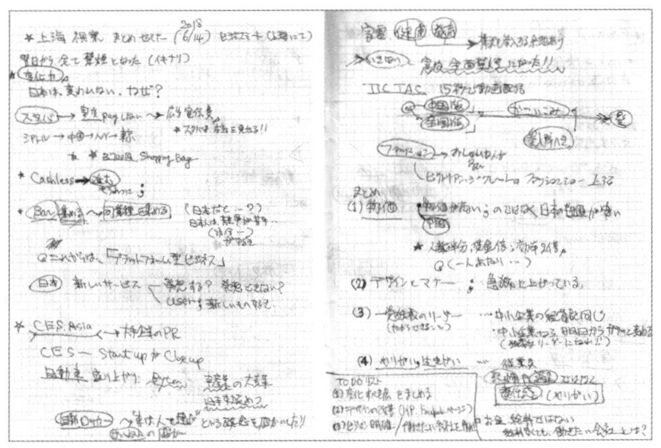

내가 실제로 필기하는 방식

노트 잘 고르기

노트는 크기와 서식, 종이질 등에 따라 종류가 무궁무진하다. 나의 경우 'MD노트 라이트 A4 변용판, 모눈종이 양식'을 애용한다.

A4 크기의 노트를 쓰는 이유는 펼쳐놓고 많은 정보량를 적을 수 있기 때문이다. 나는 노트를 펼칠 때마다 과거의 기록을 다시 보곤 한다. 2주일에 세 번 복습하면 잊어버릴 확률이 낮아지므로 틈틈이 이전의 기록을 거듭 읽어서 자연스럽게 전에 쓴 내용을 복기한다.

2페이지 안에 담기

세미나·회의 기록은 2페이지로 정리해서 적는다. 전체 내용을 조망하기가 쉽고 다시 보기가 편리하기 때문이다. 2페이지 안에 담을 수 없다면 4페이지도 괜찮다.

기획서에 메모하지 않기

가장 나쁜 방법은 기획서나 배포 자료에 메모하는 것이다. 이렇게 별도의 기록물을 만들면 오래전 자료는 다시 찾기가 어려울 뿐더러, 찾는 데 아까운 시간을 쓰게 된다.

반면에 노트에 시간 순서대로 적어놓으면 책장에서 바로 꺼내볼 수 있다. 떠돌아다니는 자료에 임시로 메모해두면 두 번 다시 보지 않을 확률이 높기 때문에 버리기 위해 적는 것이나 다름없다.

너무 자세하게 필기하지 않기

세미나 참가자 중에 '한 자 한 자 빠짐없이 메모해야지!'라고 생각하고 맹렬한 기세로 필기하는 사람이 있다. 그런데 막상 질문을 하면 아무것도 기억하지 못하는 경우가 많다.

이미 알고 있는 내용은 노트에 적을 필요가 없다. 강의를 집중해서 듣고, 그중에서 새롭게 깨달은 것과 중요한 내용만 메모하면 된다. 2시간짜리 세미나라면 좌우 2페이지에 기록하면 적당하다. 나 역시 2시간짜리 영화를 보고 나면 감상과 깨달은 것을 좌우 2페이지에 기록한다. 1시간 당 1페이지를 배분해 적으면 충분하다.

깨달은 것을 3가지 적기

노트에 무엇을 적을까? 깨달은 것, 즉 '아하! 순간'을 통해 얻은 뇌의 신경회로가 새로 연결될 만한 새로운 정보다.

강연 내용은 나중에 자료를 보면 다시 기억할 수 있지만 깨달은 것은 30초 만에 잊어버리기 쉽다. 세미나나 강연을 듣거나 독서를 하는 이유는 끊임없이 깨달음을 얻어서 자기 성장을 하기 위해서다. 적지 않으면 자기 성장도 없다.

아무리 욕심이 많아도 깨달음을 얻는 데는 한계가 있다. 2시간 짜리 세미나를 통해 세 가지 정도만 깨달아도 충분하다.

해야 할 일을 3가지 적기

현실을 바꾸려면 필수적으로 행동으로 옮겨야 한다. 깨달음만으로는 충분하지 않다. 깨달은 사실을 행동으로 옮길 때 활용할 수 있는 도구가 바로 투두리스트다.

노트 쓰기의 정수

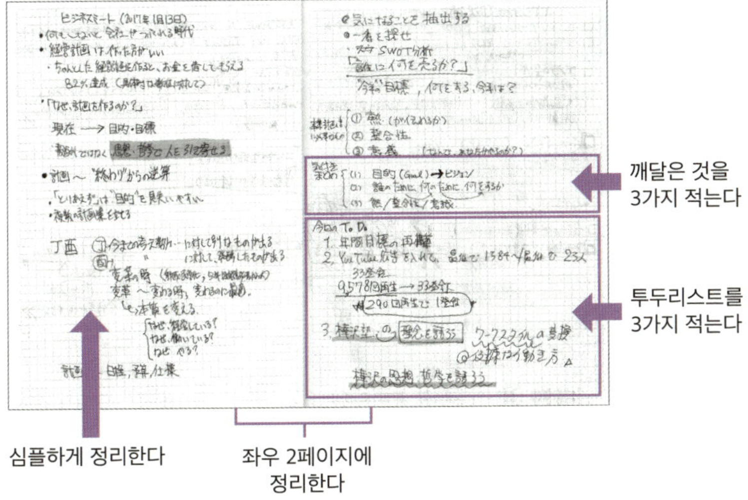

깨달은 것을 일상에서 또는 업무 중에 어떻게 실천하고 내 것으로 만들지 투두리스트에 조목조목 적자. 이 또한 아무리 욕심내봤자 현실적으로 전부 실행할 수 없으니, 세 가지 정도 뽑아낼 수 있다면 적당하다.

이상이 내가 매일 노트를 작성하는 기술의 정수다. 매일 노트를 작성하면 학습 효율이 몇 배는 좋아진다. 괜찮아 보이는 부분을 골라서 각자만의 방식으로 다듬어 기록하자.

POINT

강연 필기, 회의록, 독서 감상문, 일기까지 1권의 노트에 정리하라.

기획의 순서

먼저 종이에 쓰고 워드에 정리하라

"아무래도 전자 기기가 편하지", "아니, 종이 노트나 수첩처럼 아날로그 수단이 클래식한 이유가 있지"처럼 디지털과 아날로그간에 논쟁이 자주 펼쳐진다. 솔직히 부질없는 논쟁이라고 생각한다.

왜냐하면 아날로그와 디지털은 각각의 장점이 돋보이기 때문이다. 한마디로 아날로그는 추상화고 디지털은 구상화다. 그러니 각각의 장점과 단점을 알아본 후에 상황에 맞게 가장 적합한 방법을 고르면 된다.

기획서를 정리하고 강연 자료를 작성하는 등의 구상을 정리하는 경우, 아날로그와 디지털 기기의 사용법을 모두 알아두면 유용하다. 잘만 사용하면 작업 시간을 절반 이하로 단축할 수 있다.

아날로그와 디지털의 장단점

아날로그	디지털
손을 움직여서 뇌가 활성화됨	뇌를 활성화시키기 어려움
아이디어가 잘 떠오름(창조력↑)	아이디어를 쉽게 다듬을 수 있음(구체화)
시각적, 감각적, 직감적	언어적, 논리적
수정하는 데 시간이 걸림	수정 시간이 오래 걸리지 않음
부피가 크고 무겁고 들고 다니기 번거로움	데이터를 전자기기에 쉽게 저장할 수 있음
실물이 없으면 볼 수 없음	아무 때나 볼 수 있음
공유하기 번거로움	단번에 공유할 수 있음
오래된 자료를 꺼내려면 시간이 걸림	검색이 가능하고 단번에 꺼내기 간편함

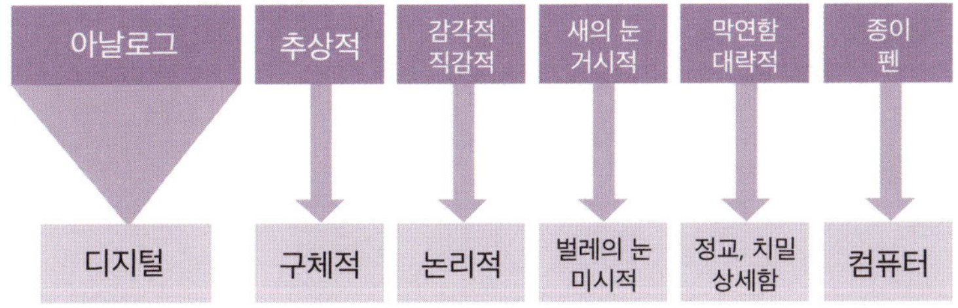

예를 들어 신제품 기획서를 정리하는 경우, 무작정 워드를 열고 기획서를 작성해서는 안 된다. 먼저 다양한 아이디어를 종이와 노트에 적는다. 아이디어가 추상적으로 떠오르는 경우에는 그 이미지를 종이에 그려보는 아날로그 작업이 선행되어야 한다.

어느 정도 아이디어가 정리되면 이번에는 컴퓨터를 켜고 도형으로 도식화하거나 신제품의 특징과 콘셉트를 글로 설명하는 등 좀 더 구체적이고 상세하게 기술한다. 이 작업은 디지털 기기가 더 편리하다.

전체를 대략적으로 파악하는 아날로그와 이를 더욱 자세하고 세밀하고 정밀하게 구현하는 디지털을 모두 활용해야 한다는 뜻이다. 추상적인 아이디어를 자유롭게 발상하는 작업에는 아날로그가, 그 아이디어를 구체화하는 작업에는 디지털이 적합하다. 아날로그가 '새의 눈'이라면 디지털은 '벌레의 눈'이다. 이렇게 아날로그로 하는 일과 디지털로 하는 일의 특성을 이해하면 자신이 하는 작업에 아날로그가 적합할지, 디지털이 나을지 쉽게 알 수 있다.

아날로그→디지털 순서로 작업하면 나중에 아이디어를 다시 보기에 용이하다.

POINT

아날로그 전체를 파악하고 디지털로 정밀하게 구현하라.

발표 자료

무작정 파워포인트부터 열지 말라

'아이디어 구상은 아날로그로 대강 추린 후에 디지털로 정교하고 치밀하게 정리한다'라는 메시지는 이해했으리라 생각한다. 그러면 구체적으로 어떻게 작업하면 좋을까?

나는 90분짜리 강연 준비를 대개 이틀 안에 끝낸다. 슬라이드 90장을 백지상태에서 만들기 시작하면 보통 일주일이 걸릴 분량이다. 이 작업을 고작 이틀 만에 끝내는 궁극의 프레젠테이션 자료 작성 기법을 이 책에서 처음으로 공개하겠다.

당신은 보통 프레젠테이션 자료를 어떻게 작성하기 시작하는가? 설마 바로 파워포인트를 열고 슬라이드를 1페이지부터 순서대로 작성하는 건 아닐 것이라 믿는다.

프레젠테이션을 못하는 사람일수록 무작정 파워포인트를 열고 슬라이드를 작성하는 경향이 있다. 나의 경우 파워포인트는 가장 마지막 단계에 만든다. 다음의 3단계를 살펴보자.

① 노트를 이용해 아이디어 내기

먼저 어떤 말을 할까, 뭘 말하고 싶은 걸까? 그에 관한 아이디어를 노트에 적는다. 아이디어를 내는 단계이므로 최대한 많이 자유롭게 써낸다. A4 노트 좌우 2페이지에 가득 찰 정도로 조목조목 아이디어를 적어내면 90분 강연 정도의 분량이 나온다.

이어서 페이지를 넘겨 한 페이지를 4분할하고 말하는 순서대로 내용을 정리한다. 시계 방향으로 왼쪽 위에서부터 오른쪽 위, 오른

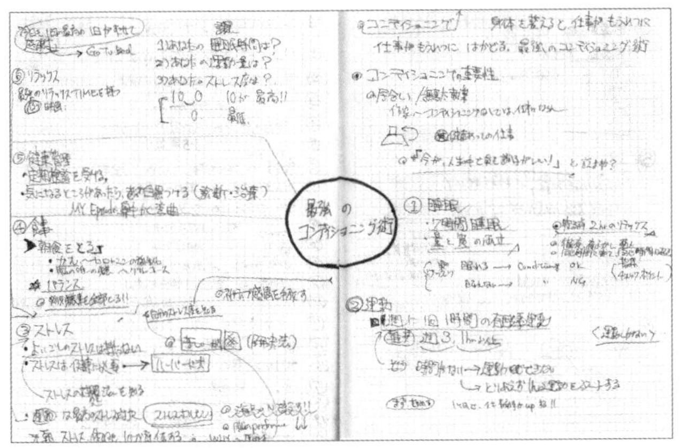

'컨디션을 유지하는 최강의 방법' 강의를 준비할 때 쓴 노트

쪽 아래, 왼쪽 아래까지 순서대로 처음 20분, 그다음 20분 동안 말할 내용을 적어 넣는다. 구체적으로 왼쪽 위에는 강연 도입부 내용을, 오른쪽 위에는 기본 내용을, 오른쪽 아래에는 심화 설명, 왼쪽 아래에는 정리 및 결론으로 파트를 구분해 심플하게 정리한다.

아이디어가 잘 생각나지 않는다면 카드를 활용해서 아이디어를 최대한 많이 도출하고 그것을 노트에 정리하자.

② 다단계 목록을 활용해 구성 정하기

이어서 워드를 열고 툴바에서 '다단계 목록' 화면을 연다. 다단계 목록은 목차를 쓰고 구성하기에 아주 편리한 도구다. 나의 경우 다단계 목록 기능이 없으면 책을 쓰거나 강연하는 일이 불가능하다.

다단계 목록의 특징은 제1장, 제1절, 제1항 그리고 그 개별 내용을 계층별로 기술할 수 있다는 점이다. 목록을 수정하기도 간편해서 전체 구성을 한눈에 들어오도록 정리할 수 있다.

워드를 자주 사용해도 다단계 목록 기능을 모르는 사람이 태반이다. 다단계 목록 기능을 쓰면 구성을 정하는 데 필요한 시간을 절반 이하로 절약할 수 있으니 꼭 사용해보기를 바란다.

다단계 목록 기능 활용 예시

제1장 아웃풋의 기본 법칙 16가지

아웃풋이란?
• 정의, 기본 설명

말하기, 쓰기는 아웃풋
• 듣기, 읽기는 인풋
• 인풋은 뇌내 세계를, 아웃풋은 외부 세계를 변화시킨다.
• 실제로 정보를 쓰고, 활용하고, 행동한다.
• 아웃풋을 해야 현실이 바뀐다.

아웃풋의 이점이란?
• 아웃풋을 하면 어떤 이점을 얻을 수 있을까
• 기억에 남는다, 자기 성장을 한다, 인생이 바뀐다.

아웃풋 기본 법칙 1
• 2주간 3번의 복습으로 기억에 남는다.
• 쓰지 않는 정보는 전부 잊어버린다(해마의 법칙).
• 해마의 구조를 해설

아웃풋 기본 법칙 2
• 인풋, 아웃풋을 반복하면 인간은 성장한다.
• 유능한 사람일수록 아웃풋을 하는 이유

이 책을 집필하기 전에 진행했던 '아웃풋력 양성 강좌' 세미나의 실제 구성.
슬라이드를 만들기 전에 다단계 목록 기능을 사용해 작성했다.

나는 90분짜리 강연을 1분에 1장으로 계산해서 총 90장의 슬라이드를 준비하기 위해 다단계 목록 기능으로 90행이 나오도록 내용을 정리한다. 장마다 어떤 내용을 적을지 파워포인트를 열기도 전에 전부 결정한다.

구성이란 건축 설계도와 같다. 다단계 목록 기능을 이용해서 수준 높은 구성을 완성하면 완벽한 프레젠테이션 준비가 가능하다.

③ 파워포인트로 슬라이드 작성하기

구성이 완성되면 드디어 파워포인트를 열어서 슬라이드 작성을 시작한다. 이제는 다단계 목록 기능에 따라 수작업만 하면 된다. 파워포인트를 만드는 중에 '이다음에는 어떻게 하지?'라고 고민할 필

프레젠테이션 자료를 제작하는 프로세스

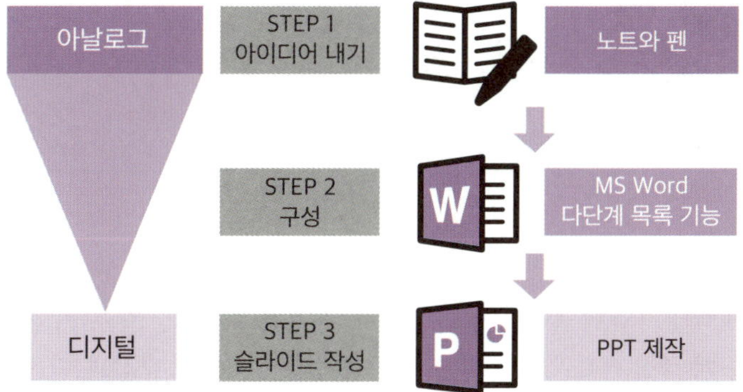

요 없이 오로지 슬라이드 한 장 한 장을 채우기만 하면 된다. 이 단계는 지적 작업이라기보다 오로지 손을 움직이는 운동에 가깝다.

포인트는 구성과 슬라이드 작성 공정을 구분하는 것이다. 슬라이드를 작성하면서 '이다음 장에는 무슨 내용을 쓰지?'라고 일일이 생각하면 그러한 순간이 모여 시간을 낭비하는 가장 큰 원인이 된다.

실은 나 역시 10년 전에는 90분용 슬라이드를 만드는 데 꼬박 일주일이 걸렸다. 하지만 이 3단계 슬라이드 준비 과정을 확립하고 나서는 준비 시간이 3분의 1 이하로 단축되었다.

아이디어 내기, 구성, 슬라이드 작성을 전부 분할 및 독립해서 작업한다면 전체 준비 시간을 대폭 단축할 수 있다.

POINT

PPT를 못 만드는 사람일수록 슬라이드 작성부터 한다.

화이트보드 활용

판서는 청중의 의견이 필요할 때 사용하라

"프레젠테이션을 할 때 슬라이드와 화이트보드 중, 어느 쪽을 활용하는 게 좋을까요?"라는 질문을 종종 받는다. 각각 장점과 단점이 있으므로 목적에 따라 구별해서 쓰거나 메인으로 슬라이드를 사용하고 보조 수단으로 화이트보드를 사용하면 좋다.

화이트보드의 최대 이점은 사람들의 집중을 모은다는 점이다. 아무것도 없는 곳에 글자를 쓰면 저절로 주목하게 되는 효과가 있다. 한편, 슬라이드는 그냥 화면에 띄어질 뿐이라서 내용이 머리에 들어오는 것 같아도 중간에 딴생각을 하고 길을 샐 가능성이 있다.

청중의 의견과 질문을 화이트보드에 쓰는 순간, 프레젠테이션은

화이트보드와 슬라이드, 뭘 사용할까?

화이트보드	슬라이드
집중력이 높아짐	집중력이 떨어짐
참가형, 교류형	수강형
능동적	수동적
임기응변, 애드리브	사전 준비
의견을 내고 정리하는 용	다른 사람의 발표를 일방적으로 듣게 됨
회의, 연수, 아이디어를 낼 때 적합	강연, 세미나에 적합
작성에 시간이 걸림	단시간에 많은 내용을 전달할 수 있음
정보량 적음	정보량 많음
팀, 그룹	1 대 다수
소수용	다수용
아웃풋 공유 수단	정보 전달 수단

판서의 특징

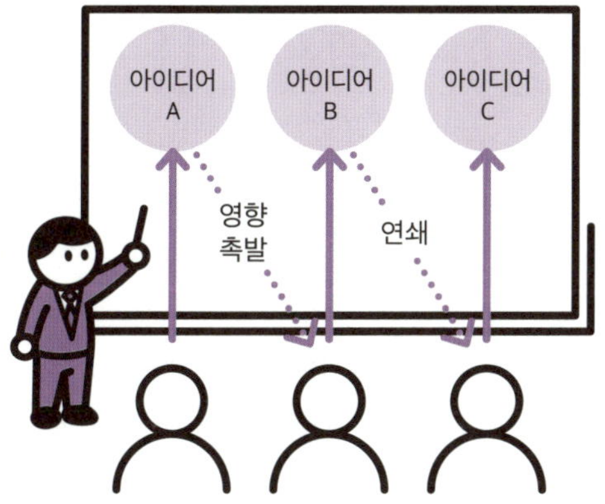

참석자의 아웃풋을 얻을 수 있다

모두를 참여시키고 청중을 보다 능동적으로 만든다. 반면 슬라이드는 청중이 가만히 듣기만 하면 되어서 참가자는 수동적이게 된다. 따라서 회의나 연수를 할 때 참석자들로부터 의견을 받고 공유하고 정리하는 데는 화이트보드가 제격이다.

한편, 화이트보드는 작성에 시간이 걸린다는 단점이 있다. 결과적으로 시간당 전해지는 정보량이 슬라이드에 못 미친다. 또 참석자가 100명이라면 뒤에 앉은 사람에게는 화이트보드가 보이지 않는 문제가 생기므로 소수 인원에 적합하다는 한계가 있다.

결론적으로 소수가 참여하는 회의나 활발하게 의견과 아이디어를 내는 상황에서는 화이트보드가 큰 위력을 발휘한다. 단순한 기록 수단이 아니라 '모든 참석자의 아웃풋을 그 자리에서 공유하는 수단'이라고 생각한다면 다양한 상황에서 유용하게 활용할 수 있다.

POINT

참가형 회의, 세미나, 워크숍에서는 화이트보드를 적극 활용하라.

인용하기

인용하면 믿게 된다

글의 설득력을 높이기 위해 인용하는 기술은 필수로 익혀야 한다. 나는 책 한 권을 쓰는 데 30권 전후의 참고도서를 인용한다.

기획서를 쓰거나 프레젠테이션을 하는 경우, 적절하게 인용을 활용하면 강연의 설득력과 신빙성, 신뢰도를 높일 수 있다. 하지만 대부분의 사람이 인용을 잘하지 못한다. 인용을 잘하는 요령은 네 가지로 요약할 수 있다.

출처 명시하기

책이나 논문에서 인용한다면 반드시 인용처를 명기하자. 인용처를 명시하지 않으면 저작권 문제에 휘말릴 수 있다. 실제로 비즈니스 서적 중에는 인용 출처를 밝히지 않은 책이 흔한데, 그러면 신빙성이 현저히 떨어진다. 인용처 명기는 필수다.

권위를 이용하기

"하버드대학교의 연구에 따르면", "잡지 『네이처』에 게재된 논문에 따르면", "식품의약품안전처 조사에 따르면" 등처럼 대학, 기관, 잡지 등 권위 있는 곳의 자료를 인용하면 신뢰성이 압도적으로 높아진다.

예를 들어 같은 연구를 인용한 경우에도 "한 연구에 따르면"보다 "하버드대학교의 연구에 따르면"처럼 전문 기관명이 구체적으로 명기되어 있으면 훨씬 신뢰를 얻기 쉽다.

인용을 잘하는 요령

인용처를 명시하기

출처

권위를 이용하기

하버드대학교 식품의약품안전처
학회 연구소

숫자를 정확히 쓰기

약 30% (×)
32.3% (○)

평소에 자료를 많이 찾아두기

숫자를 정확하게 표시하기

"약 30퍼센트의 효과가 인정되었다"가 아니라 "32.3퍼센트의 효과가 인정되었다"처럼 구체적인 수치를 그대로 인용해야 신뢰성이 높아진다. 너무 간략하게 줄이면 모호함만 부각시킬 뿐이다.

평소에 인용 자료를 모아두기

프레젠테이션 자료를 작성하는 도중에 논문을 인용하고 싶어서 아무리 찾아다녀도 좀처럼 적절한 자료를 찾을 수가 없거나 시간이 너무 오래 걸려서 애를 먹은 경험을 한 적이 있을 것이다. 이를 방지하기 위해 평소에 인용거리를 모아서 보관해두면 좋다.

특히 자신의 전문 분야라면 매일 신문과 뉴스, 인터넷 기사를 확인하자. 그리고 추후에 인용할 만한 자료를 발견하면 전부 기록해두자. 그러면 유사시에 바로 적절하게 사용할 수 있다. 인용은 프레젠테이션과 아웃풋의 기초가 되므로 평소에 습관을 들여라.

POINT

설득력 있는 글이 되려면 인용은 필수다.

인용의 기술

신뢰할 수 있는 정보가 있는 추천 사이트

의견을 뒷받침할 논문과 자료를 찾고 싶을 때 당신은 보통 어떻게 하는가? 대부분의 사람이 인터넷, 특히 구글 검색을 떠올리지만, 이는 아주 어리석은 행동이다. 신뢰할 수 없는 웹사이트와 블로그 기사들만 잔뜩 뜨고 정작 검증된 논문은 잘 검색되지 않기 때문이다.

연구자들이 주로 이용하는 신뢰성이 높은 사이트를 소개한다.

구글 학술 검색 Google Scholar

구글에서 논문을 찾으려고 해도 일반 검색으로는 나오지 않는다. '구글 학술 검색' 기능을 사용하면 학술 논문, 학술지, 출판물만을 검색 결과로 표시해줘서 자료를 찾기 쉽다.

간단한 정보지만 세미나에 참가한 독자들을 대상으로 실시한 조사에서 불과 15퍼센트만이 이를 알고 있었다. 논문을 써본 적이 있는 사람이 아니라면 의외로 이 기능을 잘 모른다.

구글 도서 Google Books

신뢰도를 높이기 위해 책과 서적을 인용하고 싶다면 구글 도서를 추천한다. 구글 도서에서는 디지털베이스에 저장된 모든 서적을 대상으로 검색이 가능하다. 이 또한 구글이 기본으로 제공하는 기능이지만 아는 사람이 많지 않다.

가령 '유산소운동은 치매 예방에 효과가 있다'라는 주장의 근거가 되는 자료를 찾고 싶다면 구글 도서에서 "치매 예방 유산소운동"이

논문과 자료를 찾기 위한 추천 사이트

- **구글 학술 검색 http://scholar.google.co.kr/**
  구글 검색 결과에서 학술 논문, 학술지만을 표시한다.
- **구글 도서 http://books.google.co.kr**
  서적을 검색할 수 있지만 전문은 읽을 수 없다.
- **펍메드 https://pubmed.ncbi.nlm.nih.gov**
  생물의학, 생물과학과 관련된 모든 영어 논문이 데이터베이스되어 있다.

라고 입력하면 이와 관련된 책이 검색 결과로 쭉 표시된다.

단, 이렇게 검색해서 나온 자료는 해당 페이지를 포함한 전후 몇 페이지만 무료로 읽을 수 있고 책 전체를 읽을 수는 없다. 게다가 모든 책, 모든 페이지가 검색 대상이 되지는 않으므로 어디까지나 알고 싶은 내용이 담긴 책을 몇 권 정도 소개해주는 서비스라고 이해하면 좋다. 그래도 인용처가 될 만한지 가늠하는 용도로 이용하기에는 부족함이 없다.

펍메드 PubMed

펍메드는 미국국립의학도서관이 제공하는 의학 문헌 데이터베이스로 생물의학, 생물과학계의 모든 영어 논문을 소장하고 있다. 의사와 의학계 연구자는 반드시 알아야 하는 사이트지만 일반인은 거의 모른다. 의학계 논문을 찾는다면 펍메드는 필수다.

다른 전문가들이 활용하는 방법을 잘 알아두면 유사시에 적절한 학술 논문을 찾아서 인용할 수 있다.

POINT

포털 사이트 검색으로 찾은 정보가 아닌 전문 사이트에서 찾은 정보를 인용하라.

요약하기

SNS를 활용하면 사고력을 키울 수 있다

상대방의 생각이나 하고 싶은 말을 빠르게 파악하고 정리해서 역으로 질문까지 하는 사람이 있다. 이처럼 아무리 상대가 어수선하게 말해도 핵심을 꿰뚫는 사람은 커뮤니케이션 능력이 뛰어나고 일하는 속도도 빠르다. 자신의 생각을 정확하게 전달하는 데 능숙해서 실수하거나 오해하는 일도 적다.

하지만 무언가를 정리해서 한마디로 표현하는 일은 아주 어려워서 연습이 필요하다. 요약력을 기르기 위해 엑스(구 트위터)에 글을 쓰는 것을 추천한다. 엑스에는 280자밖에 쓸 수 없기 때문에 글을 올리려면 반드시 핵심을 정리해야 한다. 이러한 제한 덕분에 요약하기를 훈련할 수 있다.

책을 읽거나 영화를 보고 나서 줄거리와 감상을 요약해 SNS에 올려보자. 이 작업을 매일 하면 요약력이 비약적으로 높아진다. 분량이 적으니 제한 시간을 설정해서 글을 쓰는 것도 좋다. 가능하면 10분 이내로 써보자.

280자는 긴 것 같으면서 짧고, 짧은 것 같으면서 길다. 생각한 것 이상으로 많은 내용을 담을 수 있지만 쓰다 보면 쉽게 제한 글자 수를 초과하게 된다. 처음부터 제한된 글자 수 내에서 글을 쓰기란 꽤나 힘든 일인데, 이 힘든 과정을 거치다 보면 경험이 축적되어 나중에는 쉽게 쓸 수 있다.

요약하는 능력을 키우면 독해력도 저절로 강화된다. 독해력이 높아지면 사고력도 높아진다.

내가 실제로 X에 올린 요약글

정신과 의사 가바사와 시온
@kabasawa

영혼이 흔들리는 영화를 봤다. 휴 잭맨 주연의 《#위대한 쇼맨》. 큰 꿈을 실현하는 이야기인 줄 알았는데 아니었다. '지금, 거기에 있는 행복을 깨달아라!'라는 주제가 내 마음을 저격했다. 압도적인 인간 긍정과 궁극의 긍정성(positivity)이 돋보인다. 행복해지는 데 필요한 것은 사람들과 친구 그리고 그들이 모이는 장소다. 다섯 번 울었다.

정신과 의사 가바사와 시온
@kabasawa

스티븐 스필버그 감독의 영화 《#더 포스트》는 정말 감동적이었다! 국가 비밀문서를 신문에 회사가 도산&체포될 위기. 그런 희생을 하면서까지 '보도의 자유'를 주장하며 베트남전쟁을 멈추어야 할까? 선택의 기로에 선 워싱턴 포스트 사주 캐서린의 결단에… 울어버렸다. 확고한 결단의 중요성을 느낀다.

정신과 의사 가바사와 시온
@kabasawa

자주 가는 #수프카레집 '랏쿄&Star'. 내 단골 메뉴는 '3종 치즈파이 안의 수프카레.' 파이 안에 갇혀 있던 강렬한 향이 파이를 뭉개는 순간 폭발했다! 농후한 스파이스감과 압도적인 채소의 맛. 버섯과 치즈의 궁합도 탁월하다. 만족스러웠던 한 끼.

정신과 의사 가바사와 시온
@kabasawa

지금 선진국에서 태어나는 아이는 100세 이상 살 확률이 50퍼센트를 넘는다고 한다. 진짜로? 『100세 인생』을 읽고 충격을 받았다. 100세 시대의 도래. 정말 희망적인 소식이다. 단 일하는 방식, 사는 방식을 바꾸지 않으면 가혹한 미래가 기다리고 있을 터. 누구나 즐거운 100세를 맞이하는 것은 아니다. #100세 인생

정신과 의사 가바사와 시온
@kabasawa

오랜만에 온 #상하이의 발전이 놀랍다! 지하철이 새 거라 깨끗하고 재깍재깍 온다. 거리에 쓰레기가 하나도 없다. 억대 아파트가 난립해 있고 시가지에는 쇼핑센터가 즐비하고 먹거리가 맛있다. 단, 물가는 일본과 다르지 않은 수준. 인구가 2,500만 명이나 되지만 도시로서 기능한다. 가봐야 비로소 알 수 있다. #중국 두려운 존재

정신과 의사 가바사와 시온
@kabasawa

『#친절은 뇌에 효과가 있다』. 허그와 같은 스킨십을 하면 분비되는 사랑의 호르몬 #옥시토신. 그 옥시토신이 '친절함'에 의해서도 분비된다는 사실이 뇌과학적으로 설득력 있게 그려진다. 친절→면역력 상승, 질병에 걸릴 위험 저하→장수할 수 있다. 그래서 읽고 나면 겉잡을 수 없이 친절해지고 싶어지는 책이다.

즉, 요약을 하면 생각하는 힘을 기를 수 있다. 요약은 최고의 뇌 훈련이다.

POINT

책이나 영화 감상문을 SNS에 올려 요약하는 연습을 하라.

이미지 활용

보여주면 더 오래 기억된다

어떤 내용이든 그림과 표를 그리는 등 시각 자료와 함께 설명하면 이해하기 쉽고, 기억에 몇 배나 잘 남는다.

1973년 캐나다의 심리학자 앨런 파이비오Allan Paivio는 실험 참가자들에게 단어 목록과 그림 목록을 보여주었다. 이후 자유 회상을 시행해 기억하는 항목을 기록하게 했다. 그 결과 그림이 단어보다 훨씬 더 많이 회상되었다. 단어는 언어 코드 하나만을 인출시켰지만, 그림은 시각 코드와 언어 코드 두 가지로 더 많은 인출 경로를 지녔기에 회상 확률이 더 높았던 것이다. 그는 이를 이중 부호화 이론Dual Coding Theory라고 명명했다.

그림의 기억 우월성을 입증한 또 다른 실험도 있다. 라이오넬 스탠딩Lionel Standing은 1970년 참가자들에게 2500장의 사진을 약 10초

더 오래 기억되는 법

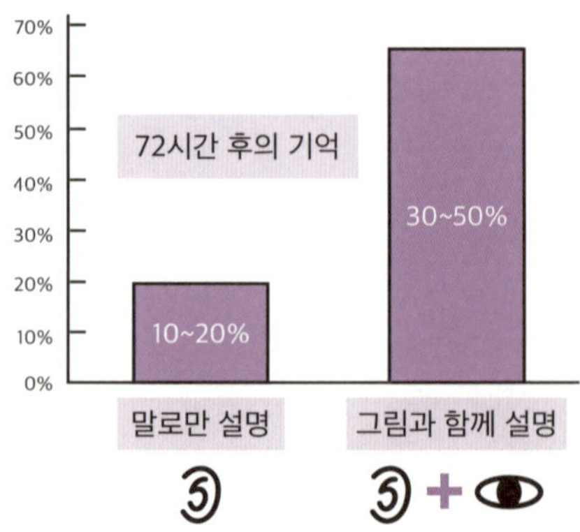

시각 정보를 활용해야 하는 이유

눈으로 들어온 시각 정보는 문자 정보보다 훨씬 빠른 시간 안에 처리되어 뇌에 입력된다. 뿐만 아니라 회상의 정확도도 훨씬 높다.

씩 한 번만 보여주고, 며칠 뒤 한 번도 보여주지 않은 그림과 섞어서 어느 것이 본 것인지 맞히게 했다. 그 결과 참가자들은 평균 약 90퍼센트 이상의 정확도를 유지했다. 인간은 수천 장의 그림을 단 한 번만 보고도 매우 높은 정확도로 기억할 수 있음을 보여준 것이다. 이처럼 그림을 단어보다 더 잘 기억하는 경향은 심리학에서 그림 우월성 효과Picture Superiority Effect라고도 불린다.

시각 정보는 기억에 오래 남는다. 따라서 발표를 할 일이 있으면 가능한 시각 자료를 활용해야 한다. 말로만 설명하는 것은 청각 정보만 제공하는 것으로, 귀로 들을 정보를 뇌 안에서 문자 정보로 바꿔주는 경로를 거쳐야 한다. 처리하고 이해하는 데 시간이 걸린다는 뜻이다. 그러나 여기에 시각 정보를 더하면 입력 경로가 늘어나서 듣는 사람의 처리 속도가 훨씬 빨라진다.

문자 정보를 처리할 수 있는 건 인간뿐이지만 시각 정보는 대부분의 고등 생물이 처리할 수 있다. 찰나의 시간에 그 정보를 처리하지 못하면 외부의 적에게 죽임을 당하는 등 생존에 위협이 되었기 때문이다.

따라서 누군가를 설득하고 싶다면 반드시 시각 정보를 활용하라. 이미지를 더하면 당신의 말은 더 빠르고 오래 기억될 것이다.

POINT

시각 코드와 언어 코드를 모두 활용하면 뇌의 인출 경로를 최대한으로 쓸 수 있다.

메일 쓰기

출근 직후 메일을 확인하지 말라

메일은 이제는 없어서는 안 되는 비즈니스 수단이자 커뮤니케이션 도구다. 그러나 메일을 사용하고 작성하는 방법에 관해서 일부 기업 연수를 제외하고는 따로 배울 일이 거의 없다. 그래서인지 딱 보기에도 메일을 잘 못 쓰거나 비효율적으로 이용하는 사람이 정말 많다.

메일을 잘만 이용하면 매일 30분 이상 시간 낭비를 줄일 수 있다. 업무 효율을 높이는 메일 활용법을 알려주겠다.

일을 시작한 직후에는 메일을 확인하지 않기

많은 직장인이 출근하자마자 메일 답신을 하면서 업무를 시작한다. 그러나 아침은 하루 중 집중력이 가장 높은 시간대다. 이 시간에 어떤 업무를 처리하는지에 따라 하루가 결정된다. 메일 확인은 쉬는 시간에도 쉽게 할 수 있는, 가장 집중력이 필요 없는 일 중 하나다. 이 작업을 아침에 30분이나 들여서 하는 것은 심각한 시간 낭비라고 할 수 있다.

긴급한 메일이라면 당연히 바로 확인해야겠지만, 가급적 아침 시간에 메일을 확인하고 답하는 시간에 5분 이상 쓰지 말 것을 권한다. 집중력 황금 시간대에 1~2시간 몰아서 중요한 업무를 처리하고, 숨을 돌리는 틈에 메일을 확인하면 된다.

수시로 메일을 확인하지 않기

대부분의 사람이 메일함을 너무 자주 확인한다. 나는 3시간 간격을 둬서 메일을 확인하고 처리한다. 30분 또는 15분마다 수시로 접속하는 것은 누가 봐도 시간 낭비다.

긴급한 메일을 받는다든가 당신의 주요 업무가 메일을 처리하는 일인 경우를 제외하고는 굳이 하루에 수십 번이나 메일함을 확인할 필요는 없다.

회신은 확인 즉시 하기

어떻게 된 영문인지, 메일을 자주 확인하는 사람일수록 답신이 늦는다. 그렇게 미룰 거면 차라리 메일을 확인하지 않는 편이 낫다.

회신을 미룬다면 나중에 메일을 한 번 더 열어서 읽어야 하기 때문에 시간을 2배로 쓰게 된다. 그러니 같은 메일은 두 번 열지 말고 바로 회신하는 습관을 들이자.

고민이 필요하면 확인 메일을 먼저 보내기

메일을 받은 다음 회신을 하기까지 24시간이 넘게 걸리면 상대방은 회신이 늦는다고 여길 확률이 크다. 하지만 일을 하다 보면 깊이 생각할 필요가 있거나 무언가를 조사해야 해서 바로 회신하기 어려운 경우가 발생한다.

그럴 때는 "사흘 이내에 자세히 답변해 드리겠습니다", "내일까지 검토해서 답변드리겠습니다", "담당자가 돌아오면 답신드리겠습니다"라고 확인 메일을 먼저 발송한 뒤에 충분히 시간을 가지고 정식 회신 메일을 보내면 좋다. 확인했다는 메일을 보내는 것만으로 상대방을 안심시킬 수 있다.

상대의 사정을 배려하기

대부분 자신이 편한 시간대에 메일을 확인하고 답신을 하는 경향이 있다. 그러나 가끔은 상대방을 배려하는 일이 필요하다.

나의 경우, 상대방이 서두르고 있는지를 고려해서 급한 건이라면

메일을 잘 사용하는 방법

- 오전 업무를 시작한 직후에 메일 답신을 하지 않는다.
- 메일 체크는 몰아서 한다.
- 메일 답신은 확인 즉시 한다.
- 확인했다는 메일만이라도 보낸다.
- 상대의 사정을 배려해 처리한다.
- 메일과 메시지를 구분해서 사용한다.

최우선으로 처리한다. 또 내가 답신하지 않으면 일이 진행되지 못하는 건 역시 우선 처리한다.

내 시간만큼 상대방의 시간을 소중하게 여긴다면 서로 기분 좋게 메일을 주고받을 수 있다.

메일과 메시지를 구분해서 사용하기

메일 이외에 SNS 메시지로 연락을 하는 방법도 있다. 메시지의 경우 상대방의 확인 여부와 시간까지 알 수 있다는 장점이 있지만, 공적인 연락 수단으로는 사용하기 어렵다는 단점도 있다. 메일과 메시지의 장단점을 파악해서 그때그때 상황에 맞게 구분해서 활용하는 것이 중요하다.

많은 사람들이 메일 확인과 답신에 너무 많은 시간을 허비한다. 명목은 급한 요청이 있을지도 모른다는 것이지만, 그 내막을 살펴보면 도파민 중독에 가까운 행위다. 일의 집중력을 떨어뜨리는 것은 물론이다. 나는 메일을 확인하고 답변하는 시간을 전부 합쳐서 하루 10분을 넘기지 않도록 한다. 최단 시간에 최대 효율을 끌어내는 방식으로 메일을 활용하자. 메일은 그저 커뮤니케이션의 도구일 뿐이라고 생각해야 한다.

메일과 메시지의 장단점

	메일	메시지
커뮤니케이션	깊어짐	아주 깊어짐
법인으로서의 사용	편리함	어려움
검색 기능	탁월함	취약함
송신 대상	인터넷 사용자 전원	SNS 사용자만
도달률	도달하지 않을 수 있음	100퍼센트 도달
수신 확인	부정확	실시간으로 파악 가능
못 보고 놓칠 확률	높음	낮음
답신	느림	아주 빠름
다수에게 연락	불편함	아주 편리함
인사문	필요함	불필요함

각각의 장점을 살린다면 최단 시간에 원활하게 커뮤니케이션할 수 있다.

POINT

메일 확인과 답신은 쉬는 시간에 해도 충분하다.

필기 도구

장비에 돈을 아끼지 말라

하루 중에 글을 쓰는 시간은 과연 얼마나 될까? 컴퓨터와 스마트폰을 사용하는 시간까지 포함하면 생각보다 많은 사람들이 글 쓰는 작업에 상당한 시간을 할애한다. 글 쓰는 시간을 즐겁게 보내면 하루하루 더 행복해질 수 있다.

즐겁게 글을 쓰기 위해서는 내용도 중요하지만 글 쓰는 도구도 중요하다. 구체적으로 아날로그 도구라면 펜과 노트를, 디지털 도구라면 마우스와 마우스패드를 고를 수 있다.

나는 스라리Surari나 아크로볼Acroball의 0.7mm 볼펜만 사용한다. 부드럽게 술술 써지는 스라리 볼펜을 주로 애용하지만, 필압을 강하게 해서 쓰고 싶을 때는 아크로볼을 쓴다.

왜 하필 이 볼펜들을 골랐냐고? 큰 문구점에 가서 매장에 있는 모든 종류의 볼펜을 시필하고 철저하게 비교했다. 그리고 수성 볼펜보다 유성 볼펜, 그중에서도 스라리와 아크로볼, 게다가 0.5mm도 1.0mm도 아닌 0.7mm가 나에게 가장 적합하다는 결론을 내렸다. 내 마음에 쏙 드는 볼펜으로 생각하는 속도에 맞춰 술술 글을 써내려가면 그 순간이 정말로 즐겁고 상쾌해서 일을 처리하고 아이디어를 내는 일이 한층 더 순조롭다.

우리가 즐겁다고 느끼는 순간, 뇌에서는 행복 물질인 도파민이 분비된다. 도파민은 집중력과 기억력, 학습 능력, 작업 수행 능력을 높여주므로, 마음에 드는 볼펜을 사용해서 즐겁게 일을 하면 일이 순조롭게 잘된다는 설은 뇌과학적으로 틀리지 않다. 아무 볼펜으로도 글은 쓸 수 있지만 최고로 즐거운 기분으로 일을 하느냐 마느냐, 그에 따른 효율을 생각하면 마음에 드는 볼펜을 사용하는 것은 아주 유익한 투자다.

내가 자주 사용하는 필기 도구

추가로 노트는 MD노트 라이트 A4변용판 모눈종이를, 마우스는 로지텍의 와이어리스 마우스 M325T를 사용한다. 이 또한 매장에 가서 온갖 종류의 무선 마우스를 실제로 써보고 나에게 맞는 마우스를 까다롭게 고른 것이다. 무게와 표면의 매끈함, 클릭할 때의 감각 등 여러 가지 조건을 기준으로 최선이라고 판단해서 선택했다.

마우스 패드는 내가 가장 좋아하는 화가 피테르 브뤼헐Pieter Brueghel의 〈바벨탑〉이 그려진 패드를 사용하고 있다. 카페에서 일할 때도 반드시 같은 마우스와 마우스 패드를 들고 다니며 늘 똑같은 환경과 감각을 유지하려고 노력한다. 각자에게 가장 잘 맞는 도구를 찾는다면 글 쓰는 일이 훨씬 더 즐거워진다.

POINT

더 많이 쓰기 위해서는 적극적으로 필기 도구에 돈을 투자하라.

문제 풀기

어른의 공부법은 달라야 한다

수험생 시절을 지나 사회인이 되어서도 승진 시험이나 자격시험, 국가시험 등 각종 시험을 볼 기회가 많다. 바쁜 현대 사회인이라면 되도록 단시간에 효율적으로 공부해서 최대의 결과를 내야 한다.

당신은 교과서파인가, 아니면 문제집파인가? 교과서를 반복해서 읽고 암기에 초점을 맞춰 공부를 하는 편인가, 아니면 문제집과 모의시험을 푸는 등 실전파인가? 과연 어떻게 공부해야 더 효율적으로 기억할 수 있을까?

워싱턴대학교에서는 이와 관련해 흥미로운 실험을 했다. 학생들에게 스와힐리어 단어 40개를 암기하도록 지시했는데 전체 단어를 다시 외우게 하거나 실수한 문제만 다시 외우게 하고, 전체 단어를 테스트하거나 실수한 문제만 테스트하는 등 총 네 그룹으로 나누어 입력(암기)과 출력(테스트) 방법을 달리했다.

기억에 중요한 것은 입력일까, 출력일까?

암기를 잘하려면 입력보다 출력이 중요하다

	기억(입력)	테스트(출력)
그룹1	모든 문제	모든 문제
그룹2	틀린 문제만	모든 문제
그룹3	모든 문제	틀린 문제만
그룹4	틀린 문제만	틀린 문제만

학습의 황금 비율

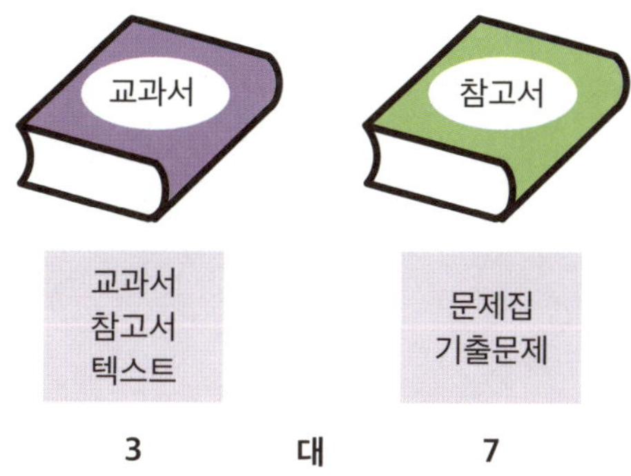

교과서 참고서 텍스트		문제집 기출문제
3	**대**	**7**

그 결과, 입력에 관해서는 각 그룹 간에 별다른 차이가 없었지만, 출력을 기준으로 했을 때는 모든 단어를 테스트한 그룹이 고득점을 받았다. 즉 기억을 잘하려면 인풋보다 아웃풋이 중요하다는 뜻이다. 되도록 많은 문제를 푸는 것이 암기하는 데 중요하다는 사실이 밝혀졌다.

교과서나 참고서를 읽는 것은 인풋이다. 문제집이나 기출문제를 풀고 모의시험을 보는 것은 아웃풋이다. 교과서 읽기만 반복해서는 기억에 남지 않는다. 뇌는 문제를 풀고 머릿속에 있는 지식을 계속 사용해야만 장기 기억으로 남긴다.

인풋과 아웃풋의 황금 비율은 3대 7이다. 교과서를 읽었다면 그 배의 시간을 문제를 푸는 데 쓰자. 이것이 가장 효과적인 암기법이자 공부법이다.

POINT

틀려도 좋으니 문제를 자주 그리고 많이 풀어서 실전 경험을 쌓아라.

▸▸ 4장 ◂◂

뇌과학이 알려주는 생각을 행동으로 옮기는 기술

행동하기

행동하기

백날 써봤자 실천하지 않으면 자기만족일 뿐

인풋은 읽기와 듣기이고 아웃풋은 말하기와 쓰기다. 인풋과 아웃풋, 피드백을 반복하면 자기 성장을 할 수 있다. 여기에 한 가지 중요한 요소가 더 있다. 바로 '행동하기DO'다. 이 책에서는 말하기, 쓰기 외에 모든 아웃풋을 행동하기로 묶었다.

즉, 깨달음을 얻고 해야 할 일이 무엇인지 파악했다면 즉시 시작해야 한다. 행동하지 않는 자기 성장이란 절대로 불가능하다.

가령 인풋으로 운동에 관한 책을 읽었다고 하자. 책에는 "일주일에 유산소운동을 2시간 하면 치매 발병률이 3분의 1로 감소한다"라고 쓰여 있다. 여기서 깨달음이란 '일주일에 유산소운동을 2시간 하면 치매를 예방할 수 있다'이고 해야 할 일은 '일주일에 2시간씩 유산소운동을 한다'가 된다. 그러나 현실에서는 깨달은 사실과 해야 할 일을 적기만 하고 어제와 다르지 않게 행동하는 사람이 대부분이다.

행동해야 인생이 변한다

깨달음 → 일주일에 2시간씩 운동하면 치매를 예방할 수 있다

투두리스트 작성하기 → 일주일에 2시간씩 유산소운동을 한다

실제로 행동하기 → 투두를 행동으로 옮긴다 (가장 중요)

진정한 자기 성장의 방법

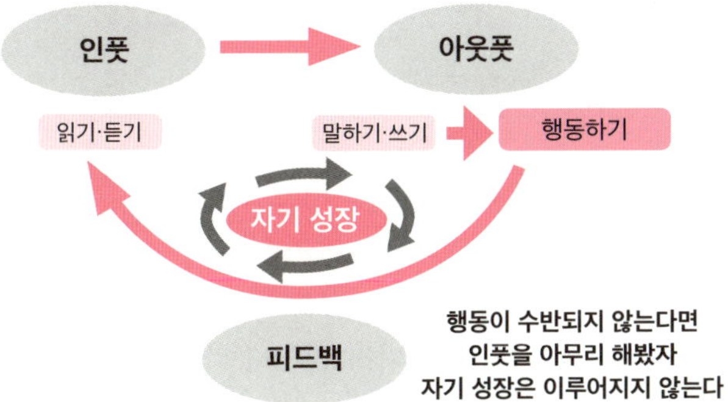

'일주일에 2시간씩 유산소운동 하기'라고 노트에 100번 써봤자 실제로 운동하지 않으면 치매 예방은 전혀 효과가 없다. 책을 읽고 여러 새로운 지식을 알게 되어도 아무런 행동도 하지 않으면 무용지물이 되어버리고 만다.

진정한 자기 성장이란 어제의 행동과 다른 오늘의 행동을 하는 것이다. '일주일에 2시간씩 유산소운동으로 치매를 예방할 수 있다'라는 사실을 알아도 행동하지 않으면 아무런 변화가 일어나지 않고 자기 성장을 할 수도 없다. 다소 똑똑해질지 몰라도 현실은 그저 그대로인 것이다. 자기 성장은 커녕 자기만족에 그칠 뿐이다.

대부분의 사람이 그저 자기만족을 위해 공부한다. 독서와 공부를 아무리 해도 행동에 옮기지는 않는다. 그렇게 아까운 돈과 시간만 낭비한다. 기껏 무언가를 깨닫고 해야 할 일을 알았다면 이를 행동으로 옮겨서 현실을 바꾸고 진짜 성장을 해야 한다. 4장에서는 행동을 하는 구체적인 노하우를 알려주겠다.

지식은 실천으로 인생의 지혜가 될 때 가장 의미 있다.

목표 설정

약간 어려운 게임이 가장 재미있다

"목표를 세워도 좀처럼 실현되지 않는다"라고 말하는 사람이 많다. 왜 시작하고 나서 끝을 보기가 이토록 어려울까?

그 이유는 목표를 세우는 방법이 잘못되었기 때문이다. 같은 목표를 세워도 작성하는 방법에 따라 실현 여부가 크게 달라진다. 예를 들어 '다이어트 한다!'라는 목표는 절대로 실현되지 않을 목표지만 '3개월 동안 2킬로그램을 뺀다!'라는 목표는 실현될 수 있는 목표다.

뇌과학에 근거해 실현될 수 있는 목표를 세우는 방법을 알려주겠다.

난이도를 약간 어렵게 설정하기

목표는 높을수록 좋다고 생각하는 사람이 있는데 완전한 착각이다. 가령 '3개월에 10킬로그램을 빼는 다이어트를 할 거야!'라고 목표를 세워도 '어차피 무리야'라는 생각이 마음속에 스칠 것이다.

뇌과학적으로 너무 높은 목표를 세우면 도파민이 나오지 않는다. 도파민은 동기부여의 원천으로, 목표를 달성하는 데 필수적인 뇌내 물질이다. 도파민이 가장 많이 분비될 때는 너무 간단하지도, 너무 어렵지도 않으면서 열심히 노력하면 어떻게든 실현될 것 같은 목표를 설정했을 때다.

게임을 예로 들어보자. 너무 간단하면 지루하고 캐릭터가 3초 만에 죽어버리는 고난이도라면 금방 흥미를 잃기 쉽다. 약간 어려운 난이도가 가장 흥분되고 재미있다.

'3개월 만에 2킬로그램을 빼는 다이어트를 한다!'라면 어느 정도 열심히 하면 어떻게든 될 것 같은 수준의 난이도다. 이렇게 과거의 경험이나 실적에 비추어 필사적으로 노력하면 달성할 수 있는 아슬아슬한 수준으로 목표를 설정하는 것이 중요하다.

기한을 정하기

'2킬로그램을 빼겠다!'라는 목표를 언제까지 달성하고 싶은가? 3개월 후? 1년 후? 아니면 10년 후? 기한이 없는 목표는 전혀 의미 없다. 마감이 있어야 의욕이 생긴다. 반대로 마감이 없으면 의욕이 생기지 않는다. 시간을 제한하고 기한을 설정하면 정신적으로 압박감이 들어 집중력을 높이는 호르몬인 노르아드레날린이 분비된다.

또 제한 시간 내에 목표를 일부분 달성하면 보상으로 의욕을 높이는 호르몬인 도파민이 분비된다. 따라서 기한을 정하면 집중력과 의욕이 올라가서 실제로 목표를 완수할 가능성이 높아진다.

투두리스트에 반영하기

목표를 멋지게 세워도 정작 "목표를 달성하기 위해 실제로 무엇을 하고 있습니까?"라고 질문하면 대답을 못하는 경우가 많다. 투두에 반영시키지 못한다면 행동으로 옮기기가 불가능하다. 투두는 구체적인 행동 지침을 세우고 정리하는 데 도움이 된다.

"3개월 동안 2킬로그램을 빼겠어!"라고 하루에 100번 복창해도 체중은 절대 줄지 않는다. '간식을 먹지 않는다', '밤 9시 이후에는 식사하지 않는다', '일주일에 두 번, 1시간 이상 유산소운동을 한다'처럼 구체적인 행동 지침을 세우는 것이 바로 투두다.

객관적으로 평가할 수 있게 하기

목표도, 투두도 달성할 수 있을지 없을지 제삼자가 보고 객관적으로 평가할 수 있어야 한다. 가령 '다이어트를 한다!'라는 목표를 세우고 3개월 후에 0.5킬로그램 뺐다고 치자. 이는 다이어트에 성공한

모호한 목표를 실현 가능한 목표로 바꾸기	
다이어트 한다 →	3개월에 체중을 2킬로그램 줄인다
운동을 습관으로 들인다 →	일주일에 2번 이상 헬스장에 가서 운동을 한다
일을 열심히 한다 →	사내 매출 순위 3위 안에 든다
억만장자가 된다 →	40세까지 자산 1억 엔을 만든다
해외여행에 간다 →	올 여름에는 5일간 휴가를 받아서 하와이로 여행 간다
영화를 많이 본다 →	다달이 영화 10편을 본다

것일까, 실패한 것일까? 본인은 열심히 했으니 성공했다고 생각하더라도 곁에서 지켜보던 친구는 "고작 0.5킬로그램으로 살이 빠졌다고 볼 수 없어"라고 말할지도 모른다.

평가할 수 없으면 피드백할 수 없다. 즉, 개선과 수정을 할 수 없다. 게다가 결과가 확실히 나오지 않으면 도파민이 분비되지 않아서 의욕을 유지하기 어렵다.

만약 3개월 동안 2킬로그램을 감량하는 것이 목표라면 정기적으로 체중을 측정하라. 정확한 수치를 기록으로 남긴다면 누가 봐도 성공인지 실패인지 분명하게 알 수 있다.

작은 목표로 분할하기

목표가 크면 성취도나 진척 상황을 관리하기가 어렵다. 따라서 큰 목표를 작은 목표로 분할해 정기적으로 평가하고 피드백해야 한다.

가령 '3개월 동안 2킬로그램을 빼는' 다이어트가 목표라면 2주일 동안 350그램을 빼면 된다. 2주일마다 체중을 재고 목표를 달성하지 못했다면 이유와 개선책을 생각한다. 목표를 달성했다면 잘된 이유를 돌아보고 더욱 잘되려면 어떻게 해야 좋을지 생각해본다. 작은 목표를 차근차근 달성하면 도파민이 나와서 의욕이 충전된다.

이처럼 목표를 세우는 방법에 따라 실현할 수도 있고 못할 수도 있

목표를 실현하는 5가지 방법

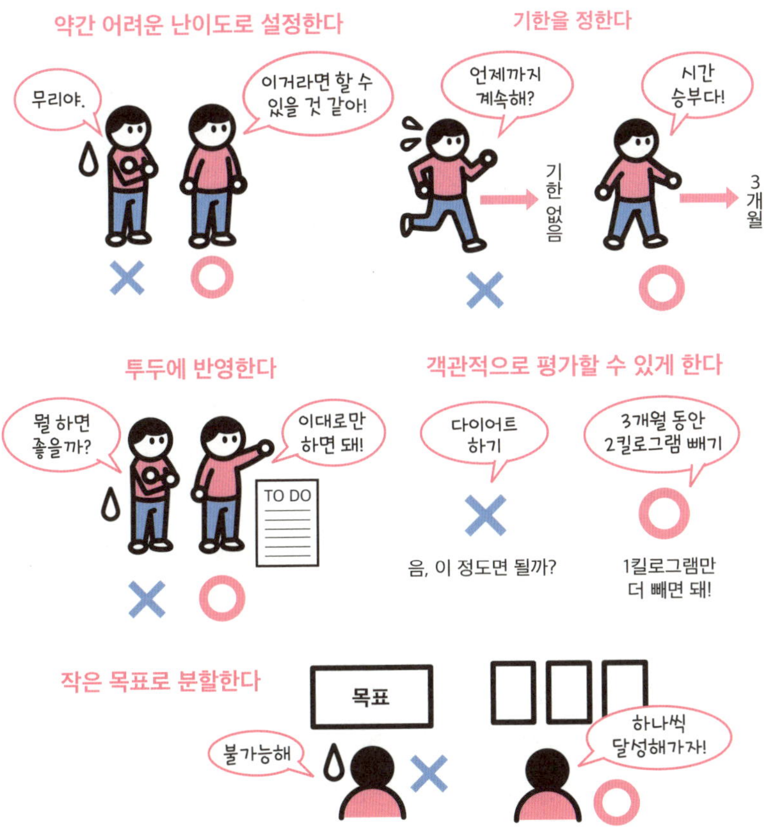

약간 어려운 난이도로 설정한다

무리야.
이거라면 할 수 있을 것 같아!

기한을 정한다

언제까지 계속해?
기한 없음
시간 승부다!
3개월

투두에 반영한다

뭘 하면 좋을까?
이대로만 하면 돼!
TO DO

객관적으로 평가할 수 있게 한다

다이어트 하기
음, 이 정도면 될까?
3개월 동안 2킬로그램 빼기
1킬로그램만 더 빼면 돼!

작은 목표로 분할한다

목표
불가능해
하나씩 달성해가자!

다. 지금까지 실현되지 않을 목표를 세운 건 아닌지 한번 돌아보자. 그리고 실현 가능한 목표를 다시 세운다면 당신의 목표는 금방 달성될 것이다.

열심히 하면 실현될 것 같은 목표를 쫓을 때 도파민이 가장 많이 나온다.

목표 실행

목표를 공언하면 실현 가능성이 높아진다

연초에 연간 목표를 세우고 까맣게 잊어버린 경험이 있지 않은가? 목표를 세우는 것은 목표를 실현하기 위한 첫걸음에 불과하다. 목표를 작성한 후에는 이를 지키기 위해 반드시 노력해야 한다.

매일 목표를 다시 보기

목표를 여러 번 다시 보면 변한 게 없다는 사실을 금방 깨닫고 더 열심히 하려는 의욕이 생긴다.

나는 매일 들고 다니는 수첩의 첫 페이지에 연간 목표를 붙여놓는다. 매일 수첩을 펼칠 때마다 그 목표를 다시 본다.

기억하지 못하는 목표는 실현되지 않는다. 여러 번 다시 봐야 망상활성계에 새겨지고, 뇌가 목표를 실현하기 위해 필요한 정보를 무의식적으로 찾게 된다. 그렇게 기회가 열린다.

목표를 공언하기

'3개월 동안 2킬로그램을 빼겠다'라는 목표를 혼자만 알고 있다면 주변 사람들은 속사정을 모르고 "라면 먹으러 갈래?", "케이크 먹으러 가자"라면서 악마의 유혹을 던질 것이다. 하지만 공공연하게 목표를 알린다면 기꺼이 응원하고 협력할 것이다.

결과적으로 목표를 실현할 확률이 높아진다. 널리 알리면 알릴수록 '결과를 내지 못하면 얼굴을 들 자신이 없을 거야'라면서 스스로를 몰아붙이는 상황을 만들게 된다. 이를 심리학에서는 '공개 선언

효과'라고 한다. 목표는 가슴속 깊은 곳에 간직하고 있어봤자 실현되지 않는다. 목표는 공언해야 실현될 확률이 높아진다.

정기적으로 피드백하기

목표를 세웠다면 정기적으로 성취도를 평가해야 한다. 시기적으로는 월말이 좋다. 그달의 마지막 날에 진행 상황을 점검하자. 대개는 처음 세운 목표를 달성하지 못했을 가능성이 높은데, 그럴 때는 원인과 이유를 생각하고 대책을 찾는다. 이렇게 과정을 중간 점검하고 투두를 조정하고 새롭게 반영하는 과정이 필요하다.

나는 '한 달에 독서 20권', '한 달에 영화 10편'이라는 목표를 세우고 월말이 되면 그 달에 어떤 책과 영화를 봤는지 정리해서 뉴스레터로 발표한다. 이렇게 주변에 알리는 것만으로도 긴장감이 적당히 높아지고, 지지와 응원에 힘입어 목표를 달성하기가 쉬워진다.

POINT

실현하고 싶은 목표는 가슴에 간직하지 말고 외부에 적극적으로 알려라.

61

지속하기

목표 달성이 쉬워지는 5가지 계속하는 기술

아웃풋 궁극의 성공 법칙을 하나 알려주겠다. 바로 '지속하기'다. 계속하지 않으면 결과는 나오지 않는다. 비즈니스, 공부, 스포츠, 취미, 연애 등 그 어떤 것도 3개월을 넘기지 못하면 실질적 결과나 성과를 볼 수 없다.

그런데 현실에서 의외로 지속하는 것을 어려워하는 사람이 많다. 나는 나름 자신 있는 편이다. 뉴스레터를 매일 발행하기를 13년, 페이스북을 매일 업데이트하기를 8년, 유튜브를 매일 업데이트하기를 5년, 기업 트레이닝을 매주 8년, 한 달에 한 번 완전히 새로운 내용의 세미나를 개최하기를 9년, 해마다 책 두 권 이상 출판하기를 10년 동안 해왔다. 이렇게 매일, 매주, 매월, 매년 여러 가지 일을 계속하고 있다.

내가 지속하기 위해 반드시 지키는 다섯 가지 비법을 공유한다.

꾸준히 하는 사람이 되는 법

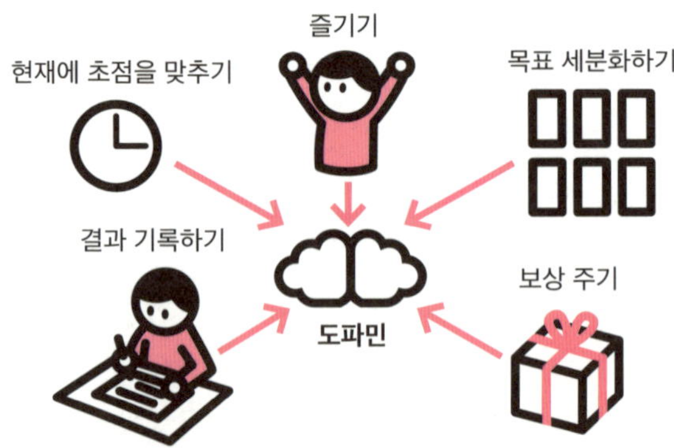

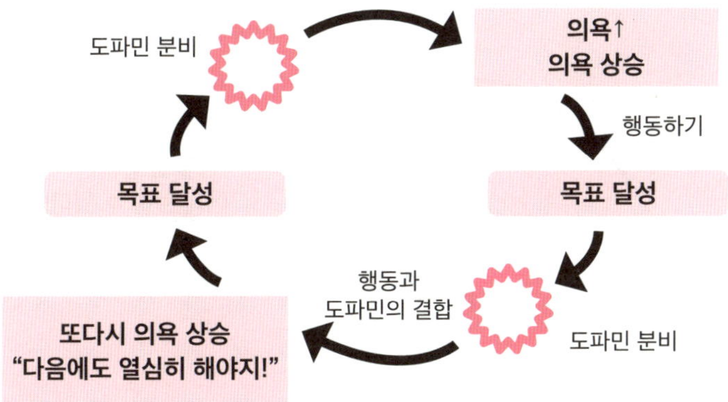

오늘 할 일만을 생각하기

나는 뉴스레터를 매일, 13년 동안 발행해왔다. 시작할 때는 13년이나 지속하리라고는 생각도 못했다. 그저 재미있으니까 오늘도 써야겠다고 생각하고 해온 작업이 쭉 쌓인 것이다.

나 역시 컨디션이 좋지 않을 때나 헬스장에 가고 싶지 않은 날이 있다. 하지만 '일단 가자', '5분만이라도 하자'라고 나 자신을 달랜다. 실제로 헬스장에 가서 5분만 지나면 슬슬 컨디션이 좋아져서 30분, 아니 1시간을 운동할 힘이 생긴다.

오지 않은 앞날에 대해 생각하면 할수록 계속하는 일에 제동이 걸린다. 당장 오늘, 지금 할 일에 집중하자.

즐기면서 하기

게임은 별다른 노력을 하지 않아도 매일 할 수 있다. 재미있기 때문이다. 재미있으면 도파민이 나온다. 즐겁다고 느끼면 애쓰지 않아도 저절로 지속할 수 있다.

반대로 즐겁지 않고 지루하고 괴롭기만 하면 스트레스 호르몬이 분비된다. 이 호르몬은 의욕을 낮추고 급기야 그만두게 만든다. 그

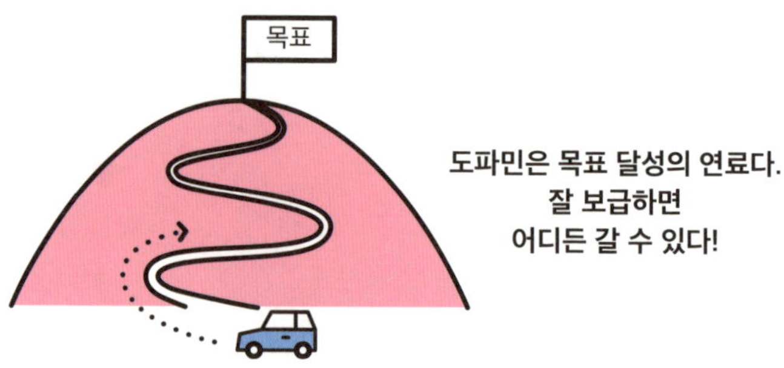

래서 괴롭고 힘든 일을 오래 지속하는 일은 불가능에 가깝다. 억지로 무리해서 계속하면 병에 걸린다.

즐기기만 해도 꾸준히 할 수 있다. 계속하고 싶은 일에서 즐거움을 발견하자.

목표를 세분화하기

'10킬로그램을 감량하겠다'라는 목표를 세우면 그 순간 뇌는 도파민 분비는커녕 과거의 경험에 비추어 무리라고 판단한다. 하지만 '한 달에 1킬로그램을 감량하겠다'라고 하면 어떨까? 노력하면 충분히 할 수 있다. 이처럼 약간 어려운 과제에 도전할 때 도파민이 분비된다.

흔히들 '목표를 크게 가져라!'라고 하지만 그것만으로는 부족하다. 큰 목표를 세분화해서 작은 목표로 만들어야 한다. 그러면 지속하고 실현할 수 있는 확률이 대폭으로 향상된다.

예를 들어 '한 달에 책 한 권 집필하기'라는 원대한 목표는 '하루에 10페이지 쓰기'라는 작은 목표로 대체할 수 있다. 하루에 10페이지씩 한 달 동안 쓴다면 책 한 권 분량이 나올 것이다. 결국 이러나 저러나 마찬가지지만 작은 목표는 진척 상황이나 성취도를 관리하기가 한결 쉽다.

결과가 나오면 보상을 주기

목표를 달성했을 때 보상을 받으면 다시 도파민이 분비된다. 매일의 작은 목표라면 몰라도 중간 목표, 큰 목표를 달성했을 때는 확실한 보상을 주자.

나는 책의 1장을 완성하거나 하루에 20페이지를 썼을 때 스스로에게 주는 보상으로 고급 위스키를 마신다. 책 한 권을 완성했을 때는 해외여행을 간다.

지속하기 위해서는 도파민이라는 의욕의 연료를 어떻게 보충하느냐가 중요하다. 이를 악물고 죽을힘을 다해 애써봤자 역효과만 날뿐이지, 도파민은 나오지 않는다. 즐기면서 오늘 하루의 작은 목표에 임하자. 이것이 쌓이고 쌓여서 결국 지속하는 힘을 길러준다.

결과를 기록하기

달성하고 싶은 목표를 수치화할 수 있는 경우라면 매일 기록을 재는 것을 추천한다. 나는 매일 아침 유튜브 구독자 수를 확인해서 기록하고 엑셀로 관리한다. 어제와 비교해 구독자 수가 늘어나면 오늘도 유튜브를 열심히 업데이트하고 싶다는 의욕이 올라간다.

유튜브 구독자 수의 증가표

날짜	조회수	구독자 수	증가 수
2018/3/1	1,029	40,220	152
2018/3/2	1,121	40,509	289
2018/3/3	805	40,676	167
2018/3/4	849	41,018	342
2018/3/5	825	41,388	370
2018/3/6	934	41,756	368
2018/3/7	1,025	41,953	197

목표 달성까지 진척 상황을 기록하라. 그것만으로도 도파민이 분비되어 지속하기가 압도적으로 쉬워진다.

견디는 사람은 얼마 가지 못한다.
오래 하려면 즐거워야 한다.

가르쳐야 한다고 상상하라

가르치기

이 책에서 총 80가지의 아웃풋 방법을 소개하고 있는데 그중에서 가장 자기 성장에 효과적인 최강의 아웃풋 방법을 하나만 꼽자면 '가르치기'를 들 수 있다.

미국국립훈련연구소의 연구에 따르면, 사람이 무언가를 학습할 때 기억에 얼마나 잘 남고 정착하는지를 방법별로 조사했더니 학습 효과가 낮은 순에서 높은 순으로 '듣기-읽기-시청각 교재를 사용한 수업 듣기-시범강의 보기-그룹 토론하기-실제로 해보기'가 나왔고, '서로에게 말로 설명하기'가 가장 학습 효과가 높았다. 이를 시각적으로 정리한 것이 '학습 효율성 피라미드Learning Pyramid'다.

또 런던대학교에서 흥미로운 연구를 했다. 그룹을 두 개로 나눠서

학습 효율성 피라미드

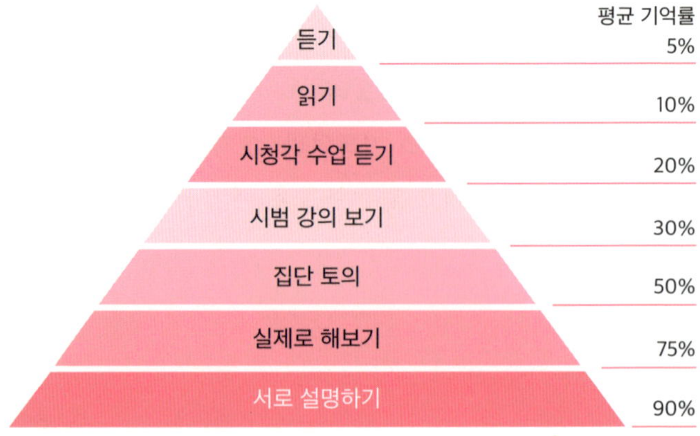

가르치기는 최강의 아웃풋

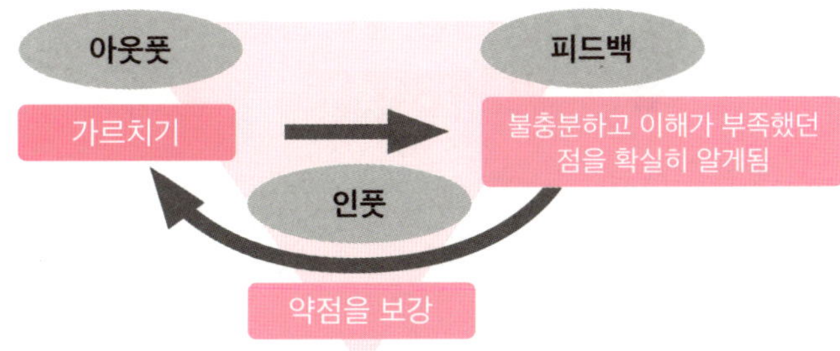

첫 번째 그룹에게는 "이 수업이 끝난 후에 시험을 볼 테니 외우세요"라고 지시하고, 또 다른 그룹에는 "이 수업이 끝난 후에 다른 사람에게 가르치는 활동을 할 테니 자세히 기억하세요"라고 지시했다.

암기 시간을 똑같이 배분하고 두 그룹 모두 같은 시험을 치르게 했더니 두 번째 그룹의 성적이 실제로 가르치는 실습을 하지 않았음에도 불구하고 훨씬 좋았다. 이처럼 다른 사람에게 가르친다는 것을 전제로 하고 공부하기만 해도 기억력이 상승하고 학습 효과가 좋아진다.

실제로 누군가를 가르쳐본 경험이 있는 사람이라면 알겠지만 지식을 정확하게 알고 있지 않으면 다른 사람에게 가르칠 수 없다. 즉, 자신의 이해도와 불충분한 점이 명확히 보인다. 그러면 더욱 철저하게 공부해서 불충분한 부분을 보완하는 일이 가능해진다. 가르치기는 아웃풋이자 피드백이면서 인풋이기도 하다. 자기 성장의 3단계를 전부 포함한, 완전하면서도 최강의 아웃풋 기법이자 자기 성장의 기술이라 할 수 있다.

누군가를 가르치는 일은 인풋과 아웃풋을 동시에 하게 한다.

티칭의 기술

성장은 가르친 횟수에 비례한다

다른 사람을 가르치면 빠르게 자기 성장을 할 수 있다는 사실을 알았다. 그러나 가르치는 일이 직업이 아니라면 기회를 찾기가 생각보다 쉽지 않다. 그렇다면 구체적으로 어떤 상황에서 무엇을, 어떻게 가르칠 수 있을까?

친구들과 서로 가르치기

카페에서 고교생끼리 서로 공부를 가르쳐주는 모습을 자주 본다. 이는 교과서를 읽거나 문제집을 푸는 것보다 훨씬 효과적이다.

자신이 잘하는 분야를 가르쳐주고 자신 없는 분야를 배우는 정도라면 가까운 사람들과 지금 당장이라도 시작할 수 있을 것이다. 특히 잘 알고 있다고 생각한 분야라도 다른 사람의 경험과 지식을 통해 놓쳤던 부분을 깨닫거나 그 분야에 대해 더 자세히 알고 성장할 수 있다.

강사로 초빙받기

사내에서 중견 이상의 직위에 오르면 사내 워크숍 같은 자리에 강사로 초빙받는 경우가 종종 있다. 대부분 자신 없어하면서 거절하는데, 그럴수록 더욱 적극적으로 받아들이고 도전해야 한다.

강사로서 가르치는 경험을 통해 머릿속에 있는 지식이 정리되고 불충분한 점이 보강되어 크게 성장할 수 있다. 또 이는 자신의 지식과 경험을 외부적으로 어필할 수 있는 절호의 기회다. 기회가 찾아오면 거절하지 말고 적극적으로 받아들이자.

발표자·강사가 되는 것은 성장할 절호의 기회

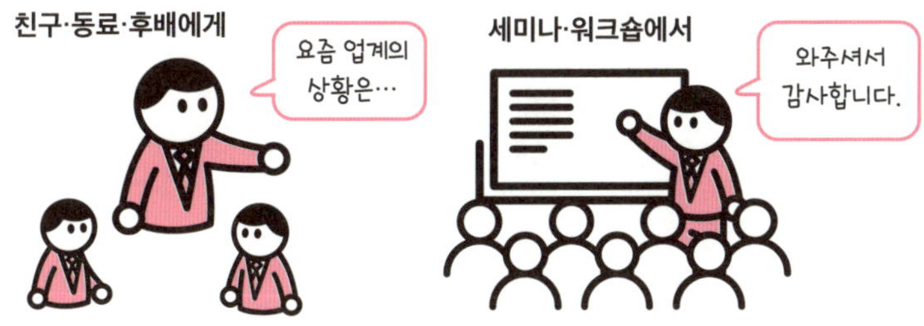

공부 모임이나 연구회를 만들거나 참석하기

강사가 될 수 있는 기회가 흔하지는 않다. 그러니 가르치는 기회를 늘리기 위해 사내와 사외 공부 모임, 연구 모임을 찾아 참여하면 좋다. 주변에 적당한 공부 모임이 있는지 탐색해보자. 만약 없다면 직접 주최자가 되어 모임을 열어볼 수 있다.

프로 강사가 되기

세미나에서 가장 공부를 많이 하고 성장하는 사람은 누구일까? 수강생도 참가자도 아닌, 다름 아닌 돈을 받고 다른 사람을 가르치는 강사다. 각종 공식 단체에서 강연 의뢰를 받는 수준이 되면 프로라고 해도 좋을 것이다.

나는 2009년부터 매월 전혀 다른 내용의 세미나를 100회 이상 진행했다. 솔직히 자료 수집부터 세미나 준비까지 여간 힘든 게 아니지만 성장을 할 수 있는 가장 좋은 기회이기 때문에 그냥 한다. 그 결과, 매년 전혀 다른 주제로 책을 두세 권씩 꾸준히 내고 있다.

POINT

배우는 사람보다 가르치는 사람이 더 많이 성장한다.

집중하기

멀티태스킹을 한다는 착각에서 벗어나라

인간의 뇌는 헤아릴 수 없이 높은 잠재력을 갖고 있다. 미국 노스웨스턴대학교 심리학과 폴 레버Paul Reber 교수는 뇌의 기억용량을 컴퓨터 이론으로 유사하게 산출한 결과, 보통 사람의 기억용량이 무려 2.4페타바이트에 달할 수 있다고 추정했다. 이는 동영상 3백만 시간(300년)에 맞먹는 데이터 용량이라고 한다. 전 세계 위키피디아의 총 정보량이 약 775테라바이트에 달하는데, 인간의 뇌가 위키피디아 약 세 개 분량의 정보를 기억할 수 있다고 생각하면 참으로 놀랍다.

한편 인간의 뇌가 동시에 처리할 수 있는 정보량은 매우 적다. 세 개의 정보를 동시에 처리하는 일만 해도 뇌의 워킹 메모리(작업 기억력)가 가득 찬다. 컴퓨터로 비유하자면 하드디스크의 양은 엄청나지만 메모리는 턱없이 부족하다고 할 수 있다. 프로그램 세 개를 동시에 가동해서 처리 속도가 눈에 띄게 떨어지고 네 번째 프로그램을 가동한 순간 멈춰버리는 장면을 떠올려보라.

동시에 여러 작업을 하는 것을 멀티태스킹Multitasking이라고 한다. 메일을 보내면서 중요한 거래처와 전화를 하거나 기획서를 작성하면서 부하 직원에게 프로젝트 진척 상황을 보고받는 행위가 될 수 있다. 최근 뇌과학 연구에서 인간의 뇌는 멀티태스킹을 할 수 없다는 사실이 밝혀졌다. 텔레비전을 보면서 숙제를 하는 경우, 두 가지 일을 동시에 진행하는 것이 아니라 무시무시한 속도로 번갈아가면서 처리하는 것에 불과하다는 것이다. 뇌 안에서는 잦은 바꿔치기가 일어나기 때문에 맹렬한 과부하가 걸리고, 뇌의 처리 능력은 현저히 떨어진다.

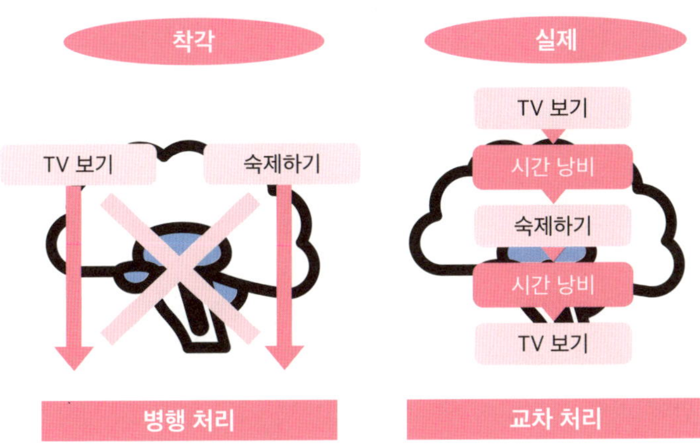

영국 런던대학교에서 진행한 연구에 따르면 작업 중에 메일이나 전화를 확인하는 등의 멀티태스킹을 한 사람들의 지능지수IQ가 10점 정도 떨어졌다고 한다. 또한 스탠포드대학교 신경과학 연구소에서 멀티태스킹을 하루 4시간 이상 습관적으로 하는 그룹과 한 가지 일을 집중해서 하는 그룹을 3년간 추적 관찰한 결과, 멀티태스킹을 한 그룹은 평균적으로 뇌의 회백질 밀도가 25퍼센트 감소하고 인지 처리 속도가 40퍼센트가 저하되었으며 기억력 테스트 점수는 35퍼센트나 하락한 반면, 스트레스 호르몬 수치는 60퍼센트나 증가했다고 한다.

멀티태스킹을 하면 두 가지 이상의 일을 각각 할 때보다 시간이 더 걸리고 실수와 오류를 저지를 확률도 높아진다. 그러니 일을 할 때는 가급적 멀티태스킹을 하지 말자. 목전에 있는 한 가지 일에 집중하는 것이 아웃풋을 하는 가장 효과적인 방법이다.

인간의 뇌는 멀티태스킹을 할 수 없다.

도전하기

안전 지대에서 벗어나지 않으면 성장도 없다

새로운 일에 도전하는 것을 두려워하고 실패할 바에는 지금의 안정적인 상태를 유지하는 것이 낫다고 생각하는 사람이 많을지도 모른다. 만약 정말로 그렇게 생각하고 있다면 지금 당장 그 생각을 관두는 것이 좋겠다. 도전이 없는 곳에서는 자기 성장도 없기 때문이다. 도전을 해야만 비로소 진정한 성장을 할 수 있다.

새로운 일에 도전하면 우리 뇌에서는 대뇌 물질인 도파민이 나온다. 도파민은 즐거운 감정을 느끼게 하는 행복 물질이지만 동시에 새로운 학습을 지원하는 학습 물질이기도 하다. 도파민이 분비되면 집중력을 비롯해 의욕, 기억력, 학습 능력이 높아지고 결과적으로 쑥쑥 성장할 수 있다.

도전하는 일이 즐겁지 않고 두렵고 불안하기만 한 사람도 분명 있을 것이다. 이들이 특히 겁이 많고 소심한 것이 절대 아니다. 위험 영역에 도전하면 우리에게 내재된 생존 본능 때문에 자연스럽게 이런 감정이 든다. 평소에 전혀 운동을 안 하던 사람이 갑자기 등산을 하겠다고 마음먹고 후지산에 오른다면 부상을 당할 확률이 높은 데다 기초 체력이 부족해서 도중에 쉽게 좌절하게 된다. 먼저 낮은 동산을 왕복하면서 등산에 익숙해질 필요가 있다. 즉 동산이 학습 영역이라면 후지산은 위험 영역에 해당한다.

너무 무모하거나 높은 목표, 난이도가 터무니없이 높은 과제에 도전하면 위험 영역에 돌진하는 것과 같다. 그러면 노르아드레날린이 과도하게 분비되어 불안과 공포에 시달리다가 끝내 그만두고 도망

도전이 두려운 이유

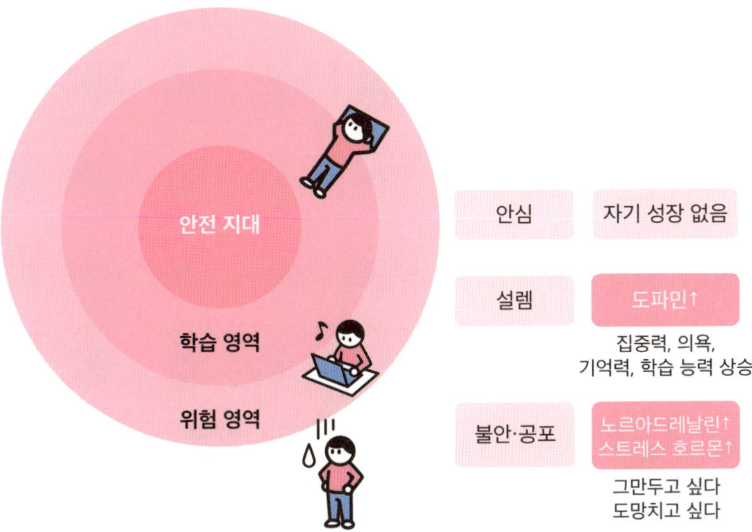

치고 싶다는 충동에 사로잡히게 된다. 즉, 도전이 두렵다면 학습 영역을 넘어 위험 영역에 돌입했다는 신호다. 그럴 때는 목표와 난이도를 약간 낮추는 편이 좋다.

약간만 노력하면 쉽게 달성할 수 있는 작은 목표부터 시작하자. 그러면 도파민이 분비되면서 도전을 즐기게 되고 성장할 수 있을 것이다.

POINT

인간은 학습 영역에서 가장 많이 성장한다.

도전의 기술

후지산을 오르고 싶다면 앞동산부터 오르라

게임을 할 때 쉽게 클리어할 수 있는 간단한 게임이나 거듭 도전했는데도 한순간에 끝나버리는 너무 어려운 게임은 흥미가 떨어지기 쉽다. 적당히 어렵고 시행착오를 겪으면서 클리어할 수 있는 난이도, 어렵긴 하지만 아주 어렵지는 않은 딱 그 정도의 난이도에서 가장 재미있게 게임을 즐길 수 있다.

우리 뇌의 대표적인 동력 물질인 도파민은 너무 간단하거나 너무 어려운 업무를 처리할 때는 분비되지 않는다. 열심히 하면 어떻게든 될 것 같은 약간 어려운 과제에 도전할 때 가장 많이 분비된다.

그러니 무언가에 도전할 때는 무작정 어려운 일에 덤비기보다는 약간 어려운 과제를 시도함으로써 효과적으로 자기 성장을 하자. 3단계 정도로 나눠서 조금씩 어려운 과제를 클리어해나가면 서서히 실력이 향상되고 결과적으로 큰 과제를 완수할 수 있다. 중고등학교

도전 난이도와 도파민 분비의 관계

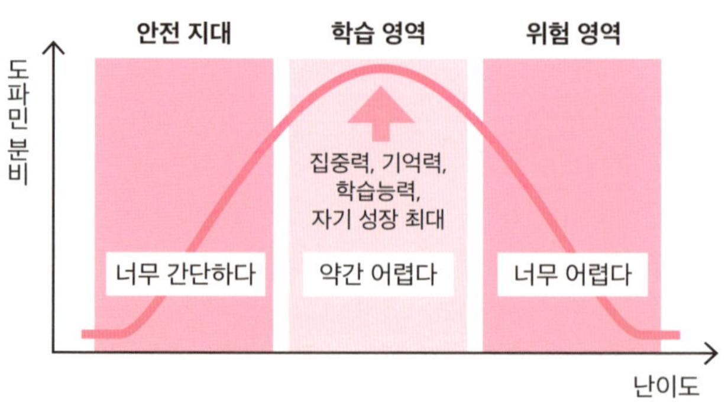

갑자기 너무 어려운 도전은 피하기

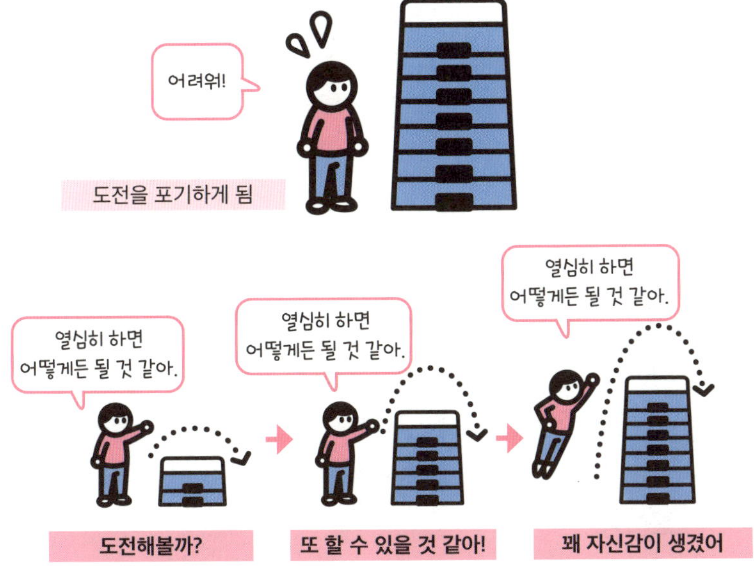

에서 쓰는 문제집이 기초/응용 또는 초급/중급/상급으로 몇 단계씩 나눠져 있는 것도 이러한 이유에서다.

도전을 두려워했던 사람이 어느 날 망설이다가 갑자기 지나치게 어려운 과제에 직진하곤 하는데 그러지 말자. 세단뛰기의 홉hop, 스텝step, 점프jump처럼 약간 어려운 과제를 조금씩 난이도를 높여가며 클리어하면 결과적으로는 가장 빠른 속도로 성장할 수 있을 것이다.

무모한 도전은 역효과만 낸다.
즐겁게 할 수 있는 작은 목표부터 설정하라.

시작하기

일단 5분만 하면 의욕은 따라온다

어떤 일을 좀처럼 시작하기 힘들어하는 사람이 많다. 하지만 일이든 공부든 의욕이 생긴 다음 시작한다고 생각하면 의욕은 영원히 나오지 않는다. 일과 공부를 순식간에 시작하는 마법 같은 방법이 있다.

바로 '일단 시작'하는 것이다. 시작을 못 하겠으니 고민하는 거라고 반박하고 싶을 수도 있지만 안타깝게도 최선의 처방은 일단 시작하는 것뿐이다.

추운 겨울날, 차의 엔진을 틀고 공회전하면 엔진이 예열되면서 꽁꽁 얼었던 차가 몇 분 만에 운전할 수 있는 상태가 된다. 하지만 차의 엔진을 켜지 않으면 정상적으로 움직이기란 불가능하다. 이와 똑같은 일이 우리 뇌에서도 일어난다.

크레펠린 검사(성격 검사, 직업적성 검사의 일종)로 유명한 정신과 의사 크레펠린Emil Kraepelin은 작업을 시작하고 나서 우리의 기분이 점점 고조되고 덩달아 의욕을 생기는 현상을 '작업 흥분Work Excitement'이라고 칭했다. 지금으로부터 약 100년 전에 나온 이야기지만, 최근 들어 뇌과학 분야에서 이 작업 흥분의 메커니즘이 다시 각광받고 있다.

뇌에는 측좌핵이라는 부위가 있다. 뇌의 거의 한 가운데에 좌우대칭으로 존재하는, 사과 씨앗 크기의 작은 부위다. 측좌핵은 뇌의 의욕 스위치라고 할 수 있다. 측좌핵에 있는 신경세포가 활동하면 해마와 전전두피질에 신호를 보내는데, 이때 바로 의욕이 생기면서 뇌의 기세가 오른다. 하지만 측좌핵의 신경세포는 일정한 강도로 자극

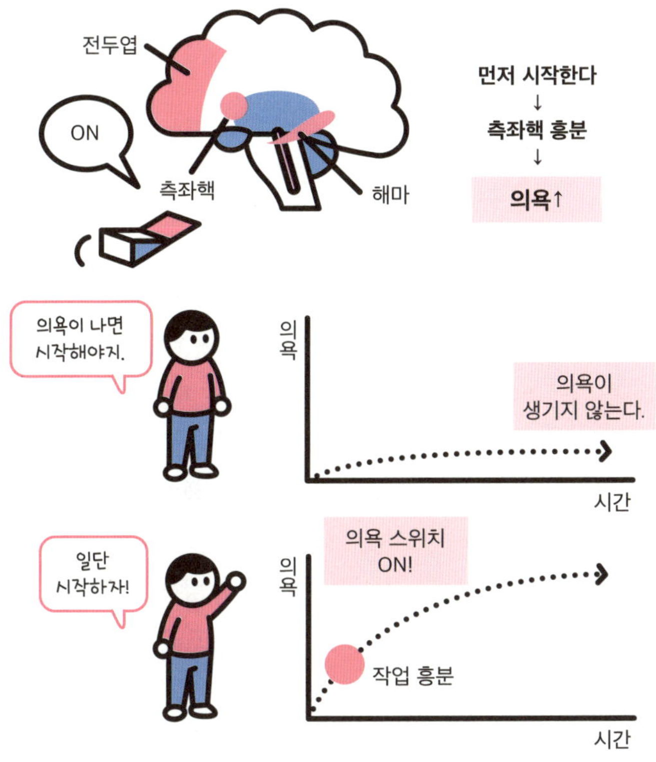

이 오지 않으면 활동하지 않는다. 일단 작업을 시작하면 스위치가 켜지고 측좌핵이 흥분하면서 본격적으로 의욕이 나오게 되는 것이다. 뇌의 스위치를 누르는 데 필요한 시간은 딱 5분이다.

따라서 의욕을 내고 싶다면 일단 시작하자. "하자!"라고 선언하고 간단한 작업부터 시작하는 것이다. 일단 5분만 힘을 내면 그다음은 쉽다.

뇌의 의욕 스위치라고 할 수 있는 측좌핵이 켜지는 데 필요한 시간은 단 5분!

저지르기

게임도 해봐야 는다

무언가를 "해보면 어때?"라고 권하면 "실패하면 어떡해?", "실패할까 봐 무서워"라는 대답이 돌아온다. 아직 하지도 않은 실패가 두려워서 새로운 일에 도전하지 못하고 겁을 낸다.

인터뷰를 하면 "가바사와 씨의 인생에서 가장 큰 실패는 무엇입니까?"라는 질문을 자주 받는다. 나의 대답은 정해져 있다. "인생을 살면서 실패한 적이 단 한 번도 없습니다."

거짓말이라고 생각할지도 모르지만 정말로 남들이 보기에 실패한 것 같은 일에도 결코 후회했던 적은 단 한 번도 없다. 무엇보다 지금 살아 있다는 사실 자체만으로 큰 실패를 하지 않았다는 증거다. 게임 오버가 아니다. 지금도 게임은 계속되고 있으니까.

인생을 '에러Error'라는 코인을 10개 모으면 다음 단계로 넘어가는 게임이라고 생각하면 다음 스테이지로 넘어가는 것은 그리 어렵지 않다. 시도하고 에러 코인을 벌고, 이 과정의 반복이 인생이다.

하지만 현실에서는 사람들이 아예 새로운 일에 도전하지 않기 때문에 에러 코인이 전혀 늘어나지 않는다. 언제까지나 그 상태 그대로다. 성장은 커녕 수입은 전혀 늘어나지 않고 인간관계는 변하지 않고 인생도 즐겁지 않다.

그러나 명심하라. 이 세상에 실패란 존재하지 않는다. 뜻대로 잘 되지 않더라도, 나쁜 결과를 맞더라도 실패가 아니라 그저 에러라고 생각하라.

에러의 원인을 조사하고 방지 대책을 세우고 재도전하면 된다. 피

어느 쪽이 성장할까

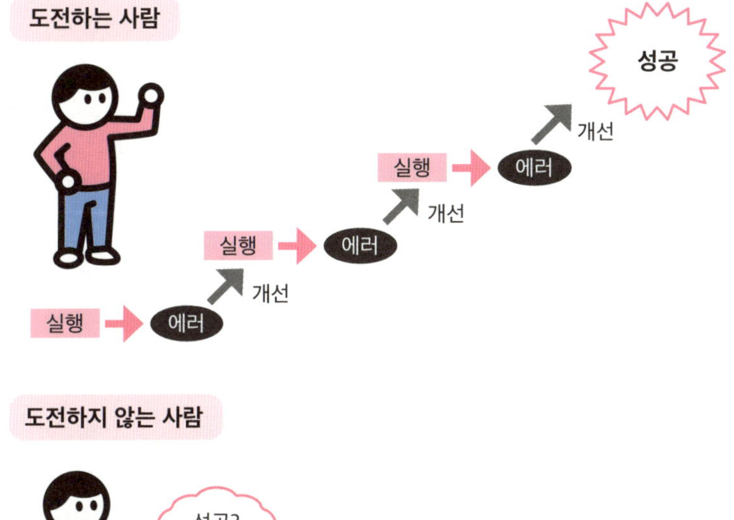

드백을 계속하면 마침내 해당 스테이지를 클리어하는 날이 오고 다음 단계로 기꺼이 넘어갈 수 있다.

실패가 두려워 새로운 일에 도전하지 않는 사람과 에러를 두려워하지 않고 도전 횟수를 늘리는 사람. 어느 쪽이 성장할까?

생각을 조금만 바꾸면 실패가 아닌 시행착오를 겪으면서 성장을 거듭하고 즐겁게 살 수 있다.

POINT

실수는 성공의 밑거름이 된다.
두려워하지 말고 도전하라.

즐기기

어차피 할 거면 기분 좋게 하라

공부를 못하는 아이의 성적이 나쁜 이유를 아는가? 선천적으로 머리가 좋고 나쁜 것과는 관계가 없다. 그냥 아이가 공부하기 싫어하기 때문이다. 마지못해 공부하면 결과도 좋지 않기 마련이다.

재미있게 공부하면 기억력과 의욕이 올라가고 그렇지 않으면 감소한다. 하기 싫은 공부를 억지로 하는 한, 성적은 쉽게 좋아지지 않는다. 똑같은 시간 동안 같은 내용을 공부해도 흥미를 가지고 재미있게 하는지, 마지못해하는지에 따라 학습 효율은 완전히 달라진다.

오사카대학교에서 진행한 한 실험에서 참가자들에게 문장을 음독하면서 몇몇 단어를 암기하도록 했다. 긍정적인 단어일 때는 더 잘 기억했고, 부정적인 단어일 때는 상대적으로 기억률이 떨어졌다. 긍정적인 기분인지 부정적인 기분인지에 따라 기억력도 달라진 것이다.

감정에 따른 기억률

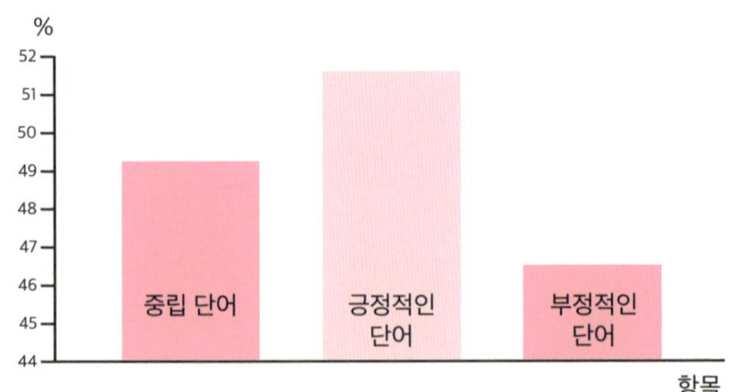

심리 상태와 의욕의 관계

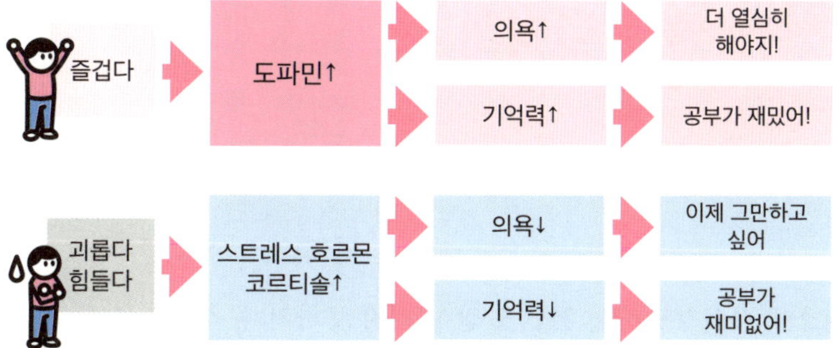

재미를 느끼면 우리 뇌에서는 도파민이 나온다. 도파민은 행복 호르몬으로서 집중력, 의욕, 학습 능력을 높여주기도 한다. 한마디로 머리가 좋아지는 물질이라고 할 수 있겠다.

반대로 마지못해하면 스트레스 호르몬인 코르티솔이 나온다. 코르티솔은 기억력을 저하시킨다. 코르티솔 수치가 계속 높은 상태를 유지하면 뇌세포가 죽어서 해마의 용적 또한 줄어든다.

따라서 일이든 공부든 마지못해한다면 효율이 현저히 떨어지고 결과가 좋지 못할 것이다. 흥미를 가지고 자기주도적으로 하는지, 시키니까 어쩔 수 없이 하는지에 따라 뇌는 180도 다른 반응을 보인다. 즐거우면 신나게 엑셀을 밟고 힘들면 브레이크를 밟는다.

그러니 어차피 아웃풋을 할 거라면 즐겁게 하자. 그러면 효과는 극대화된다.

POINT

마지못해하면 코르티솔이 나오지만 즐겁게 하면 도파민이 나온다.

결단하기

당신의 직감은 똑똑하다

평소에 우유부단해서 결단을 잘 내리지 못하거나, 선택지를 두고 자주 망설이거나, 마지막 순간에 결정을 바꾸고 싶은 순간이 자주 있는가? '퍼스트 체스 이론First Chess Theory'을 알고 나면 신속한 결단을 내리기가 한결 쉬워질 것이다.

프로 체스 선수에게 체스판을 보여주고 5초 만에 다음 수를 내게 했다. 그 후 30분 동안 생각할 시간을 주고 다음 수를 정하게 했더니 그 결과, 처음에 깊이 고민하지 않고 정한 수와 30분을 생각한 다음 정한 수가 86퍼센트 일치했다고 한다.

직감적으로 떠오른 판단, 즉 첫 판단은 아주 정확하다. 오래 생각해봤자 판단은 크게 달라지지 않는다.

단, 주의해야 할 점은 이 연구는 프로 체스 선수를 대상으로 했다는 점이다. 즉 그들은 자신의 전문 분야였기 때문에 경험과 지식이 충분했다. 아무것도 모르는 신입사원이 5초 만에 내린 결단을 정확하다고 단언할 수는 없다.

체스 선수를 대상으로 한 연구

5초 만에 생각한 수와 30분 동안 생각한 수는 무려 86%가 일치했다

즉, 충분한 경험이 있다면 5초 만에 정확한 판단을 내릴 수 있다

내가 결단하는 법

5초 만에 결단을 내리기

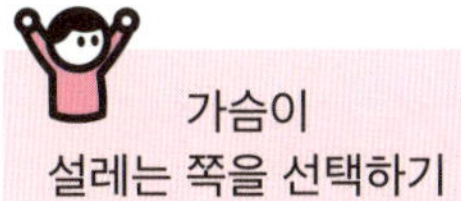
가슴이 설레는 쪽을 선택하기

처음에 생각난 쪽을 선택하기

5초 만에 결단을 내리라고 하면 많은 사람이 허둥지둥한다. 나는 이런 순간마다 딱 두 가지 판단 기준을 생각한다.

첫 번째 기준은 '가슴이 설레는 쪽'을 택하는 것이다. 즉 계산적으로 생각하지 않는다. 가슴이 설렌다는 것은 당신의 잠재의식이 그것을 바란다는 신호다. 게다가 이런 감정이 들 때는 도파민이 나와서 뇌의 기량이 올라가므로 성공할 확률이 높아진다.

두 번째 기준은 망설여지는 순간에 '처음 생각했던 쪽을 우선시' 하는 것이다. 처음에 생각난 아이디어가 당신의 직감이자 본능에 뿌리를 두고 있을 확률이 높다. 마음의 소리라고 해도 좋을 것이다. 나중에 떠오른 생각들은 거의 계산적인데다 지극히 상식적이고 보편적인 사고에 기인한다. 가령 '하와이로 여름휴가를 가고 싶어! 하지만 돈이 많이 들겠지'라고 생각할 때, 하와이에 가고 싶다는 생각은 가슴을 설레게 하는 직감이고 돈이 많이 들 것이라고 망설이는 것은 타산적인 생각이다. 어느 쪽을 따라야 인생이 즐거울까? 직감을 믿고 5초 만에 가슴이 설레는 쪽을 선택하는 사람이 더 즐거운 인생을 살 확률이 높다. 직감에 따라 행동하고 설레는 인생을 살 것인가, 타산에 사로잡혀 평범하고 시시한 인생을 살 것인가는 당신의 선택에 달렸다.

고민하지 말라. 직감을 믿고 따르라.

일단 끝내기

완벽주의자를 위한 시간 배분법

마감이 있는데도 기한 내에 일을 끝내지 못하는 사람이 많다. 그런 사람들 중에는 완벽주의 때문에 기합이 들어갈수록 오히려 손도 대지 못하고 시작할 엄두를 내지 못하는 사람이 대부분이다.

내 지인 중에는 출판 계약을 한 사람들이 많다. 그런데 아는가? 뛰어난 필력을 가지고 매일 블로그에 글을 올리는 작가라도 막상 책을 쓰려고 하자 처음 10페이지조차 쓰지 못하는 사람이 수두룩하다. 그 이유는 무엇일까?

좀처럼 만족하지 못하고 100점을 목표로 근사한 원고를 쓰려고 하기 때문이다. 신인 작가들이 흔히 하는 실수다. '이왕 책을 내기로 했으니, 최고의 책을 쓰겠어!'라면서 의욕이 넘친다. 그 결과, 하루 종일 책상에 앉아 있어도 단 몇 페이지도 쓰지 못한다.

완벽주의자를 위한 시간 배분

AS-IS 8대 2	일단 완성하기 8 (목표 100점)	고치기·다듬기 2 (결과 70점) → 마감 연장
TO DO 5대 5	일단 완성하기 5 (목표 30점)	고치기·다듬기 5 (결과 100점) → 최종 완성

30점에서 시작하는 글쓰기

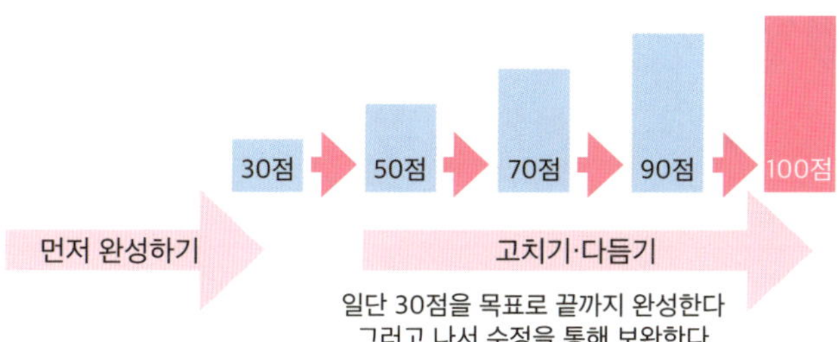

간단한 해결 방법이 있다. 나는 초고를 쓰기 시작하면 30점을 목표로 원고를 쓴다. 30점이라니, 목표치가 너무 낮다고 할지 모르지만 30점짜리라도 일단 끝까지 쓰는 게 중요하다. 이 단계에서는 글의 퀄리티는 별개로 두고 일단 끝까지 완성시키는 것이 중요하다. 초고를 작성했다면 다시 읽어보면서 부족한 부분을 채우고 잘못된 부분은 수정하면 된다.

첫 번째 퇴고 작업을 거치면 30점에서 50점이 된다. 두 번째로 수정하면 50점에서 70점이 된다. 그리고 세 번째 수정에서 90점까지 끌어올리고 남은 마감 기한까지 100점을 목표로 한다. 일단 처음부터 끝까지 쓰고 나면 고치고 다듬는 작업에 시간을 들이자. 그 비율은 5대 5다.

처음부터 100점을 노리는 사람은 정작 고치는 작업에 소홀한다. 결과적으로 수준 낮은 글이 탄생하는 안타까운 결과를 초래한다.

기획서, 보고서, 원고, 발표 자료 등 무엇이든 마찬가지다. 일단 30점짜리라도 괜찮으니까 끝까지 완성하자. 그리고 수정에 충분한 시간을 들이면 완성도 높은 글을 완성할 수 있다.

초고를 빨리 완성하고 수정하는 작업에 충분한 시간을 들여라.

쁘띠 마케팅

좋은 기획과 나쁜 기획을 판별하는 법

기획서를 쓰는 일은 아주 힘든 작업이다. 게다가 어렵게 쓴 기획서가 통과되어서 실현될지조차 알 수 없다. 나 역시 출판업에 종사하는 사람으로서 기획서를 쓰는 작업에 꽤나 심혈을 기울이고 있다. 내가 터득한 기획서 작성 요령과 좋은 기획을 판별하는 법을 함께 살펴보자.

아날로그에서 디지털로

기획서를 쓰기로 결심했다면 가장 처음 무엇을 하겠는가? 무작정 파워포인트와 워드를 열고 아이디어와 기획을 작성한다? 말처럼 쉽지 않다.

아이디어를 내는 과정은 아날로그에서 디지털 순으로 진행되면 좋다. 먼저 노트와 카드, 종이에 쓰자. 팀원들끼리 힘을 합치는 경우라면 화이트보드에 손을 움직이면서 쓰자. 이러한 아날로그 작업을 거치지 않고서는 좋은 아이디어와 기획이 나오지 않는다.

다양한 아이디어와 자료를 70~80퍼센트쯤 모은 후에 나머지는 디지털 작업으로 촘촘하게 메워서 완성해가면 된다. 기획서의 첫걸음은 종이에 손으로 적는 것부터 시작된다.

평소에 틈틈이 쓰기

많은 사람이 기획서 작성을 부담스러워하는 이유는 기획서를 작성해본 경험이 거의 없기 때문이다. 직장에서 매월 기획서를 제출해

기획은 틈틈이

평소에 기획거리를 틈틈이 모아두면 필요할 때 꺼내 쓸 수 있다

야 하는 사람이라면 자신의 아이디어를 형상화하는 작업이 그리 어렵지 않을 것이다.

나는 책으로 엮을 수 있는 재미있는 아이디어가 생각나면 바로 기획서로 정리한다. 잊어버리지 않게 콘셉트를 형상화해서 남겨두되 누군가에게 보여주지 않고 그냥 방치해둔다. 1~2개월 묵혀두었다가 다시 읽어봐도 객관적으로 재미있다는 생각이 든다면 좋은 기획이라고 할 수 있다. 별로인 기획은 시간이 지나면 진부하게 느껴진다.

평소에 기획서를 작성하는 습관을 들이고 컴퓨터에 저장해두자. 그리고 정말로 기획서를 제출하는 단계가 되면 미리 작성해둔 기획서 중에서 괜찮아 보이는 기획서를 선택해 좀 더 다듬은 후에 제출하면 된다.

평소에 자료를 모아두기

상사로부터 기획서를 제출하라는 지시가 떨어지고 나서야 자료를 모으거나 아이디어를 내려고 하면 곧바로 좋은 아이디어가 떠오르지 않는다. 타고난 창조성을 가진 사람이 아니라면 무리일 것이다.

나는 1년에 걸쳐 기획 소재, 기획이 될 만한 정보, 뉴스 등을 매일 바지런히 모아둔다. 2년 후에 출판하고 싶은 책의 기획과 자료, 아이디어를 1년에 걸쳐 쌓는다. 그 정도 시간을 들여서 자료를 수집해야만 만족할 만한 기획이 완성된다.

매일 보는 뉴스, 블로그, 책, 신문 등 대단한 기획이 될 만한 자료나 아이디어는 여기저기 널려 있다. 그것들을 평소에 착실하게 눈여겨보고 모아둔다면 기획서를 작성할 때 아주 유용할 것이다.

쁘띠 마케팅을 하기

상품을 기획하고 출시했을 때, 고객이 압도적인 반응을 보이고 상품이 폭발적으로 팔린다면 그 기획은 좋은 기획이다. 상품이 확실하게 팔릴 것이라는 사실을 사전에 안다면 또는 타임머신을 타고 미래를 볼 수 있다면 성공이 보장된 기획을 할 수 있을 것이다. 엉뚱한 소리 같지만 전혀 현실성 없는 이야기가 아니다.

기획을 했다면 사전에 실행해보자. 샘플을 만들어서 배포하는 것처럼 아주 소규모라도 상관없다. 마케팅 데이터가 있으면 그 기획이 좋은지 나쁜지 확실히 알 수 있다.

이 책을 집필하기 수개월 전에 '아웃풋 능력 양성 강좌'를 개최했다. 정원이 100명이었는데 사흘 만에 매진이 되었고, 전례 없는 주목도에 깜짝 놀랐다. 즉, 아웃풋하는 능력을 기르고 싶은 사람이 아주 많다는 사실이 증명된 셈이다. 이것이 바로 쁘띠 마케팅이다. 자신의 기획에 관한 기사를 블로그에 쓰고 조회수를 관찰하는 것도 쁘띠 마케팅의 일환이 될 수 있다.

실제 기획서를 작성하는 방법은 업종과 회사에 따라 서식과 분량이 제각각이므로 여기서 일일이 설명하지는 않겠다. 개별 작성법과 각론에 관해서는 관련 서적이 시중에 많이 나와 있으니 참고하기 바란다.

기획서를 쓰는 능력은 특별한 훈련보다는 평소 생활 습관에서 정해진다. 평소 인풋과 아웃풋을 되풀이하면서 자료와 아이디어를 꾸준하게 수집하는 습관을 들이면 기획서를 잘 쓸 수 있다.

기획서 예시

기획서

■ 책 제목
해적의 심리학
《원피스》와 료마가 붐을 일으키고 있는 심리학적 이유

■ 기획 개요
해적을 소재로 한 만화 《원피스》가 붐을 일으키고 있다. 왜 지금 《원피스》가 유행하는 것일까? 그것은 심리학에서 '해적=부성'을 상징하기 때문이다. 지금 사회가 강한 부성을 필요로 하고 있다. 따라서 부성적 존재인 사카모토 료마를 그린 TV 드라마 《료마전》이 크게 히트했다. '초식계 남자'라는 말이 유행하고 유약한 남성이 만연하고 있는 지금. 만화, 애니메이션, 영화 등 초식계 남자가 잘 알고 있는 작품을 통해 부성의 의미를 고찰하고 '부성적 존재 = 힘센 남성'을 되찾을 만한 힌트를 제시한다.

■ 저자명
가바사와 시온

■ 저자 프로필
정신과 의사, 작가. 뉴스레터 구독자 15만 명, 트위터 9만 명, 총 24만 명에게 정신과학·심리학 정보를 알리고 있다. 일본 영화 뉴스레터 〈영화의 정신의학〉의 발행인이자 영화평론가. 영화, 애니메이션, 만화 등 서브컬처에 밝다. 저서 『외우지 않는 기억법』은 15만 부의 베스트셀러가 되었다. 그 외에 『슈퍼 아웃풋 공부법』, 『괴로움을 즐거움으로 바꾸는 7가지 방법』, 『나는 한 번 읽은 책은 절대 잊어버리지 않는다』, 『당신의 뇌는 최적화를 원한다』, 『야근은 하기 싫은데 일은 잘하고 싶다』 등 28권을 출간했다.

■ 독자 타깃
이 책에서 언급하는 《원피스》, 《신세기 에반게리온》, 《료마전》 등에 관심이 있는 20~30대, 혹은 40대 남성. 이른바 초식계 남자.

■ 구성안
제1장 피터팬은 왜 후크선장과 싸웠을까? 해적의 심리학적 의미【부성의 초월】
제2장 《스타워즈》의 한 솔로가 루크보다 인기가 있는 이유【부성에 대한 동경】
제3장 왜 《캐리비안의 해적》은 크게 히트했을까?【부성의 보편성】
제4장 엑소시스트 소녀는 왜 '해적' 꿈을 꾸었을까?【부성과 심리적 안정】
제5장 〈료마전〉이 붐을 일으킨 심리학적 이유는【아웃트로와 부성】
제6장 애니메이션 〈신세기 에반게리온〉이 인기를 얻는 근원적 이유【부성의 복권에 대한 욕구】
제7장 이제 초식계 남자라 부를 수 없다【'부성'의 획득】

■ 주제 면에서 비슷한 책
『부성의 복권』

■ 사양
4×6배판, 180페이지

■ 마감 기한
2개월

• 이 기획은 1년 4개월 후에 『아버지는 어디로 사라졌는가』라는 제목으로 출판되었다. 이처럼 자신만의 기획서 양식을 만들어두면 기획서에 쓸 만한 아이디어가 번쩍 떠올랐을 때 바로 정리할 수 있다.

POINT

기획을 했다면 샘플을 만들어 실행해보라.

가슴 뛰는 삶으로 이끌어라

비전 수립

"이번 달 매출 목표는 3억 엔!"이라고 영업 부장이 아무리 큰 소리로 외쳐도 부하 직원의 의욕은 오르지 않는다. 오르기는커녕 "이번 달 목표도 이 정도라니, 참 큰일이네"라면서 오히려 의욕이 바닥까지 떨어질 것이다. 자발적으로 하는 일(도파민 분비)이 아니라 억지로 하는 일(스트레스 호르몬 분비)이기 때문에 그렇다.

스스로 목표를 세우고 그것을 따라 움직이면 우리 몸에서는 도파민이 분비되지만 타인의 납득하기 어려운 목표를 억지로 따르게 되면 스트레스 호르몬이 나온다.

그러면 후배와 부하 직원, 동료를 효과적으로 설득하기 위해서는 어떻게 해야 할까? 부하 직원과 동료의 의욕을 올리고, 리더십을 발휘하는 좋은 방법이란 정녕 없는 걸까? 그렇지 않다. '목표'가 아니라 '비전'을 내세우면 된다. 비전이란 회사와 개인이 실현하고 싶은 이상적인 모습과 이미지를 말한다.

목표만 내세운다면 그것을 따르는 사람은 아무도 없다. 하지만 비전을 내세우고 공유한다면 기꺼이 따를 것이다. 회사와 그 사람을 응원하고 지지하면서 높은 의욕과 능력을 발휘해 도울 것이다.

총 발행 부수 3억 부를 돌파한 일본의 국민 만화 『원피스』를 예로 들어보자. 밀짚모자 일당의 선장 루피의 비전은 '나는 해적왕이 된다!'이다. 그의 비전에 공감한 동료들이 '재미있을 것 같아', '루피와 함께 그 꿈을 실현하고 싶어'라고 생각하면서 합류한다. 루피의 목표는 하나로 엮은 보물 중의 보물 '원피스'를 손에 넣는 것이지만 그

비전과 목표의 차이

비전	목표
미래의 이상적인 모습, 현실적인 목표	이상적인 이미지
타자 공헌, 사회 공헌	현실적, 실리적
의욕 상승 ↑	의욕 하강 ↓
협력, 응원, 단결, 자발적, 능동적	비적극적, 무관심, 수동적

목표를 전면에 내세우지는 않는다. 그러면 현실적이고 실리적인 면만 부각되어 공감을 얻지 못하고 '어쩌라고? 네가 알아서 해'라는 분위기가 되어버릴 테니 말이다.

나의 비전은 '정신의학과 심리학 정보를 알기 쉽게 전달해 병을 예방하고 우울증과 자살률을 줄이고 싶다'이다. 실제로 많은 사람이 이 비전을 공유하고 협력하고 응원해주고 있다. 내 비전을 실현하려면 내가 쓴 책의 내용과 인터넷 콘텐츠가 한 사람이라도 더 많은 사람에게 전해져야 할 것이다. 따라서 나의 개인적인 목표는 '100만 부가 팔리는 베스트셀러를 쓴다', '유튜브 구독자 수 10만 명 달성하기'이지만, 이 목표를 전면에 내세우면 사람들은 '네가 알아서 해'라고 반응하고 협력하지 않을 것이다.

비전이 공헌적이라면 목표는 현실적이고 실리적이고 실제적이어야 한다. 사람들은 숭고한 꿈과 이상에 쉽게 공감하고 열광한다. 따라서 사람들을 이끌려면 목표가 아니라 비전을 내세우는 것이 필수다.

사람을 이끌고 싶다면 숫자가 아닌 이상으로 설득하라.

웃기

미소만 지어도 뇌가 단련된다

지금까지 정보를 아웃풋하는 방법에 관해 설명했다. 그러나 우리는 정보뿐만 아니라 감정을 적극적으로 아웃풋함으로써 여러 가지 이득을 얻을 수 있다. 웃거나 울면서 말이다.

웃음의 효과에 관해서 캘리포니아대학교가 흥미로운 연구를 발표했다. 피험자에게 미소, 공포, 분노의 표정을 짓게 하고 심박수, 체온, 피부의 전기신호, 근육의 긴장 등을 측정한 것이다.

놀랍게도 피험자들이 웃는 표정을 짓자 10초 만에 안심했을 때와 똑같은 신체적 변화가 나타났다. 두려워하는 표정을 짓자 공포를 느끼는 것과 같은 신체적 변화가 나타났다.

이처럼 웃는 표정을 짓는 것만으로 10초 만에 긴장이 완화되고 행복을 느낄 수 있다. 또한 웃음에는 즉효성이 있어서 그 효과가 즉각적으로 나타난다.

뇌과학적으로 살펴보자면, 웃으면 우리 뇌에서는 세로토닌, 도파민, 엔도르핀이라는 세 가지 뇌내 물질이 나온다. 덩달아 스트레스 호르몬 수치는 낮아지고 부교감신경이 우위에 서게 되어 긴장을 완화하고 스트레스가 해소된다.

따라서 웃음은 최강의 뇌 훈련이자 스트레스 해소법이라고 할 수 있다. 하지만 막상 웃으려고 하면 뜻대로 잘되지 않는다. 웃을 때 움직이는 표정 근육이 굳기 때문이다. 그래서 평소에 웃는 연습을 꾸준히 하는 것이 중요하다. 나는 매일 아침에 거울을 보고 머리를 빗으면서 웃는 연습을 한다.

웃음의 8가지 효과

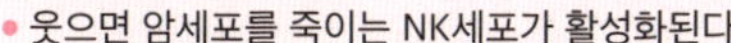
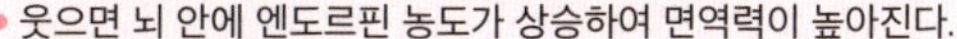

1. 면역력이 높아진다

- 웃으면 암세포를 죽이는 NK세포가 활성화된다.
- 웃으면 뇌 안에 엔도르핀 농도가 상승하여 면역력이 높아진다.

2. 스트레스가 완화된다

- 웃으면 스트레스 호르몬인 코르티솔의 분비가 저하된다.
- 웃으면 세로토닌이 활성화되고 결과적으로 스트레스가 완화된다.

3. 고통이 완화된다

- 15분 웃으면 통증 역치가 10퍼센트 상승한다.
- 웃으면 진통 감소 효과가 있는 엔도르핀이 분비된다.

4. 각종 신체 증상에 효과가 있다

- 웃으면 혈관이 열리고 혈압 저하하면 심장에 좋은 영향을 준다.
- 웃음은 혈당 상승을 억제한다.
- 웃음은 변비를 해소한다(자율신경이 균형을 이룬다).

5. 기억력이 향상된다

- 웃으면 코르티솔 분비가 억제되어 해마의 뉴런 손실이 감소하고 기억력이 향상된다.
- 웃으면 알파파가 늘어나서 긴장 완화 상태가 되고 집중력, 기억력이 좋아진다.

6. 행복해진다

- 웃으면 도파민과 엔도르핀이 분비되어 즐겁고 행복한 기분이 된다.
- 늘 웃는 사람은 30년 후에도 행복도가 높다.

7. 사고가 긍정적이게 된다

- 웃기만 해도 사고가 긍정적으로 변한다.

8. 장수한다

- 만면에 웃음 짓는 사람은 그렇지 않은 사람보다 7년 오래 산다.

웃음은 상대방에게 좋은 인상을 전달해 커뮤니케이션의 윤활제로 기능하기도 한다. 어떠한가, 웃으면 좋은 일만 일어나지 않는가? 그러니 당신도 웃는 연습을 해서 웃음을 늘리길 바란다.

POINT

입꼬리만 살짝 올려도 10초 만에 긴장이 완화되고 스트레스가 줄어든다.

울기

드라마나 영화를 보면서 한번쯤 울어라

또 다른 감정 아웃풋으로 웃기의 반대인 '울기'가 있다.

남자는 쉽게 울면 안 된다면서 슬플 때조차 울음을 참는 남성들이 있다. 또 데이트하는 날에 영화를 보러 가서 '우는 모습을 보이는 건 꼴불견이야'라면서 울음을 꾹 참는 사람들도 있다.

그러나 우는 것은 정신적으로 좋은 효과를 가져다준다. 울음을 참으면 스트레스가 쌓이지만 울음을 터트리면 스트레스가 발산된다.

울음을 참는 상태는 교감신경이 우위에 선 긴장 상태다. 그러나 울기 시작하는 순간 부교감신경이 우위에 서면서 긴장이 풀리고 마음이 느긋해져서 우리 몸과 마음은 치유 모드에 들어간다. 또 눈물에는 부신피질자극호르몬ACTH이 함유되어 있다. ACTH는 스트레스 호르몬인 코르티솔의 분비를 촉진하는 호르몬이다. 즉 우는 행위는 눈물과 함께 ACTH를 밖으로 내보내기 때문에 스트레스를 발산

눈물의 효과

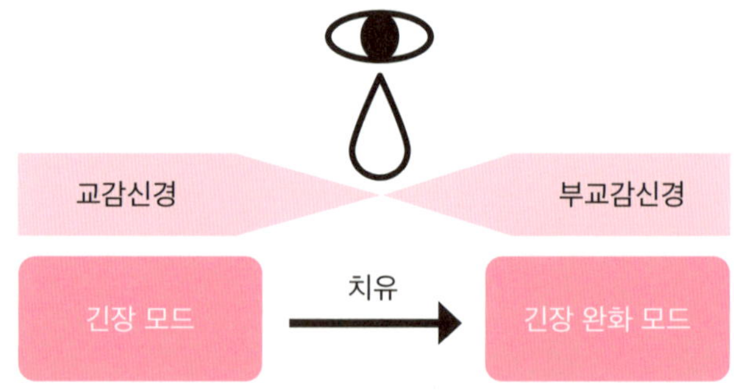

울 수 있는 영화 목록

입문 편	마니아 편
《시네마 천국》	《싸일런트 러닝》
《반딧불이의 묘》	《바이센테니얼 맨》
《죽은 시인의 사회》	《옥토버 스카이》
《사랑과 영혼》	《라스트 홀리데이》
《쇼생크 탈출》	《사랑의 레시피》
《타이타닉》	《레스트리스》
《인생은 아름다워》	《소울 서퍼》
《아마겟돈》	《달라스 바이어스 클럽》
《그린 마일》	《목소리의 형태》
《이 세상의 한구석에》	《콘택트》
* 영화사에 남을 명작, 걸작 영화 중에서도 눈물을 흘리게 할 만한 감동적인 작품들을 정리했다.	*개인적으로 좋아하는 매니악한 작품들을 정리했다.

하는 효과를 얻을 수 있다.

일상생활에서 크게 울 일은 그렇게 많지 않지만 가끔 눈물을 흘려서 치유 효과를 느끼고 싶을 때는 영화나 연극, 소설, 만화 등을 활용하면 좋다. 철학자 아리스토텔레스는 그의 저서 『시학』에서 그리스비극을 보면 마음속에 쌓인 응어리 같은 감정이 해방되면서 기분이 정화된다고 술회했다.

다음은 영화평론가이기도 한 내가 추천하는 '울 수 있는 영화' 목록이다. 울고 싶을 때 참고하길 바란다.

POINT

자기만의 영화 리스트를 만들어서 감정을 정화하라.

분노 조절

30초만 참으면 화는 사그라든다

웃기와 울기를 통해 감정을 아웃풋하면 여러 가지 이점을 얻을 수 있다. 하지만 '분노'의 경우, 정도가 넘으면 인간관계에 금이 가는 등의 부정적인 영향이 크다.

화를 잘 내는 사람은 그렇지 않은 사람에 비해 심근경색이나 협심증에 걸릴 위험이 2배나 높다. 특히 격렬한 분노를 발산한 후에는 심근경색이나 심장발작을 일으킬 위험이 4.7배나 상승한다는 연구 결과도 있다.

그러니 분노가 들 때는 무작정 발산하지 말고 잘 컨트롤해야 한다. 울화가 치밀거나 분노의 감정이 폭발할 때 우리 몸에서는 아드레날린이 분비되는데, 아드레날린의 체내 체감기는 20~40초로 아주 짧아서 20~30초만 참으면 분노의 정점은 지나간다. 이렇듯 분노는 쉽게 뜨거워지고 쉽게 차가워진다.

하지만 세상에는 그 20~30초를 참지 못하는 사람이 많다. 그런 사람들을 위해 효과가 즉시 나타나는 대처법을 알려주겠다.

1분 심호흡법

① 5초간 숨을 들이마신다.
② 15초간 숨을 내쉰다.
③ 다시 5초간 폐의 공기를 전부 토해낸다.
④ ①~③의 방법을 세 번 반복한다.

분노 컨트롤하기

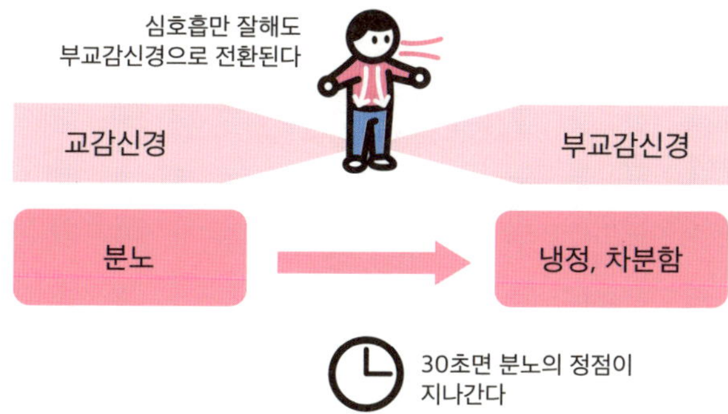

아드레날린이 분비되면 교감신경이 우위가 선다. 이때 심호흡을 하면 교감신경이 부교감신경으로 전환되어 분노를 가라앉힐 수 있다. 심호흡만으로는 소용없다고 하는 사람들이 적지 않은데 그건 방법이 틀렸기 때문이다. 다음을 참고해서 1분 동안 심호흡해보자.

5초 동안 숨을 들이쉬고, 15초 동안 토해낸다. 이때 '1, 2, 3…' 초를 세면서 호흡한다. 그러면 초를 세는 것에 의식이 쏠려서 분노의 원인에 대해 생각하는 것을 멈추게 된다. 시계 문자판을 보면서 초를 세는 것도 효과적이다. 20초 심호흡을 세 번 반복하고 나면 분노하는 감정은 거의 사라져 있거나 상당히 줄어 있을 것이다.

심호흡을 제대로 하려면 연습이 필요하다. 평소에 자주 스트레스를 받는다면 1분 심호흡법으로 감정을 컨트롤하기 바란다.

POINT

**5초 동안 숨을 들이쉬고,
15초 동안 천천히 숨을 내쉬어라.**

수면 습관

뇌는 자는 동안 더 많은 일을 한다

수면은 아웃풋에서 아주 중요한 역할을 한다. 만약 당신이 이 책의 내용을 전부 철저하게 실행했다고 해도 수면이 부족하다면 눈에 띄는 효과를 얻을 수 없다. 아웃풋뿐만 아니라 일과 공부도 마찬가지다. 수면 부족 상태에서는 집중력, 주의력, 기억력, 워킹 메모리, 학습 능력, 실행 기능, 수량적 능력, 논리적 추론 능력, 수학적 능력 등 거의 모든 뇌 기능이 떨어진다.

수면 부족은 수면 시간이 6시간이 채 안 되는 것을 말한다. 펜실베이니아대학교의 연구에서 6시간 수면을 14일간 지속하면 이틀 동안 밤을 꼴딱 샌 상태에 버금갈 정도로 집중력이 저하된다는 사실이 밝혀졌다. 연구자들은 수면 시간을 각기 다르게 제한한 참가자들에게 모니터에 붉은 원이 표시되면 버튼을 누르라고 시켰다. 이때 반응

수면 시간과 집중력의 관계

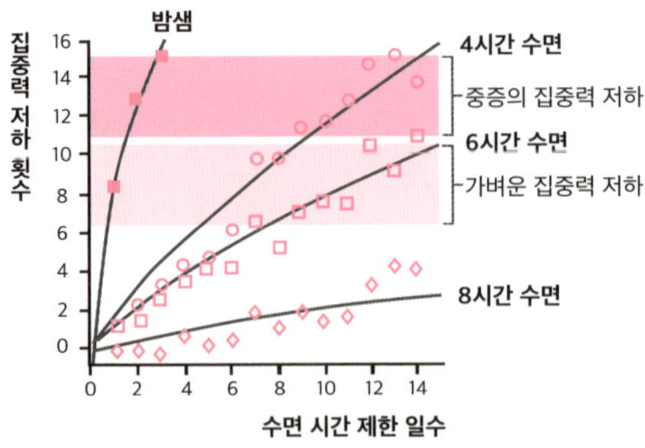

수면 부족 상태가 질병을 초래할 확률

- 암 6배
- 고혈압 2배
- 뇌졸중 4배
- 당뇨병 3배
- 심근경색 3배
- 감기 3배

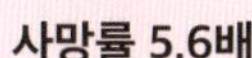

수면 부족이란 6시간 미만을 말한다. 복수의 논문을 참고로 산출했다.

속도가 500밀리초ms를 넘는 횟수가 많을수록 집중력이 떨어진 것으로 봤다. 매일 6시간을 꼬박 자도 밤을 새고 일을 하는 것과 비슷한 수준의 일밖에 해내지 못한다는 사실은 꽤나 충격적이다.

한편 6시간 이상 잠을 자지 않으면 공부한 내용이 제대로 기억으로 정착되지 않는다는 또 다른 연구도 있다.

수면 부족 상태에서 아웃풋을 하는 것은 욕조에 마개를 닫지 않고 뜨거운 물을 붓는 것과 같다. 아무것도 쌓이지 않고 기억과 경험으로도 남지 않으니 당연히 자기 성장에 도움이 되지 않는다. 간단히 말하자면 수면 부족 상태는 당신의 능력을 절반도 발휘하지 못하게 제한을 건다.

수면 부족은 학습 효율을 떨어트릴 뿐만 아니라 수명을 줄인다. 수면이 부족한 사람은 암에 걸릴 위험이 6배, 뇌졸중이 발생할 위험이 4배, 심근경색이 발생할 위험이 3배에 달한다. 충분히 자는 사람과 비교했을 때 사망률이 5.6배나 높다. 건강의 적이라고 알려진 흡연보다 일상 속 수면 부족 상태가 훨씬 건강에 나쁘다.

하루에 7시간 자는 것을 어떤 일보다 우선하라.

운동하기

일주일에 2번만 운동해도 뇌가 활성화된다

살면서 머리가 더 좋게 태어났다면 인생이 달라졌을 거라고 생각해 본 적이 있는가? 개인의 능력은 태어날 때 대부분 정해진다고 생각하는 사람이 많지만 이는 완전한 착각이다. 후천적인 노력으로 뇌를 바꿀 수 있다.

내가 막 의사가 되었던 30년 전에는 '뇌의 신경세포는 증식하지 않는다. 신경세포의 수는 태어난 후 줄어들기만 하고 늘어나지 않는다'라고 배웠다. 그러나 신경학의 대전제가 몇 년 사이에 완전히 뒤집어졌다.

인간의 뇌에는 기억과 매우 밀접한 관련이 있는 해마라는 부분이 있는데 해마의 치상회에 과립 세포라는 신경세포가 태어난다는 사실이 발견되었다. 즉, 인간의 뇌에서는 날마다 새로운 신경세포가 만들어진다.

이 신경이 새로 태어나는 데 필수적인 물질이 바로 뇌유래신경영

운동을 하면 얻을 수 있는 효과

1. **집중력↑**
2. **기억력↑**
3. **학습 능력↑**
4. **의욕↑**

운동하면 머리가 좋아지는 이유

양인자Brain-derived Neurotrophic Factor(이하 BDNF)이며, BDNF는 유산소운동을 하면 분비가 촉진된다.

즉, 유산소운동을 하면 뇌의 신경세포가 새로 만들어져서 기억력이 좋아지고 머리가 좋아진다. 참고로 해마의 신경 재생을 방해하는 것은 스트레스 호르몬인 코르티솔이다. 스트레스 상태가 오래 지속되면 기억력이 나빠지고 건망증도 심해진다.

그러니 머리가 좋아지고 싶다면 운동을 하자. 유산소운동을 1시간씩 일주일에 두 번 이상하면 뇌를 충분히 활성화시킬 수 있다.

만약 이것도 부담스럽다면 20분 만이라도 시간을 내자. 그러면 즉시 도파민이 분비되어 집중력, 기억력, 학습 기능, 의욕이 상승한다. 자기 성장에 도파민이 중요하다고 앞에서 거듭 강조했는데, 이 호르몬은 운동할 때 최대로 분비된다. 그러니 운동은 필수다.

더 빨리 성장하고 싶은 사람이라면 반드시 유산소운동을 꾸준히 하자.

유산소운동을 할 때 나오는 뇌유래신경영양인자가 뇌를 젊게 한다.

위기관리

사소한 실수부터 관리하라

어떤 직장에서든 문제나 사고가 발생한다. 사전에 이를 예측하고 방지할 수는 없을까?

대표적으로 의료계에서는 의료 사고를 방지하기 위해 위기관리를 공들여 연구하고 있다. 사고와 재해를 방지하는 데 도움이 되는 유명한 법칙으로 '하인리히 법칙'이 있다.

손해보험회사 소속 기술·조사부에 근무하던 허버트 윌리엄 하인리히Herbert William Heinrich가 만든 법칙으로, 한 공장에서 5,000건 이상 발생한 노동재해를 통계학적으로 조사해 1대 29대 300이라는 비율을 도출해낸 것이다. 가령 중상 이상의 재해가 1건 일어났다면 그 배후에는 29건의 경상을 동반한 재해와 300건에 이르는 무상해 사고(사소한 징후)가 일어났다는 뜻이다.

하인리히 법칙

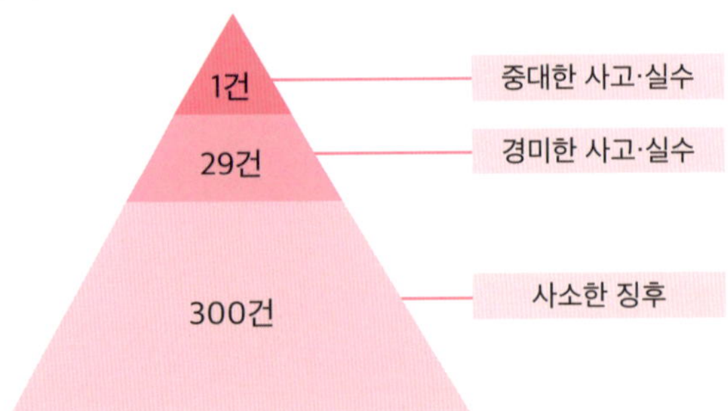

위기관리하는 방법

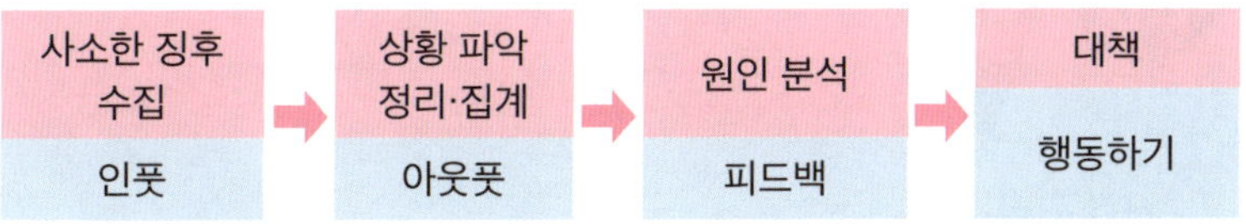

즉, 큰 사고를 줄이기 위해서는 작은 사고를 줄이고, 그러기 위해서는 빈번하게 발생하는 사소한 징후를 경계해야 한다. 사소한 징후 사례를 될 수 있는 한 많이 모아서 하나씩 대책을 세우자.

큰 병원에는 대체로 의료사고대책위원회가 있어서, 원내에서 발생할 수 있는 무상해 사고 사례를 최대한 많이 모은다. 사고가 일어날 뻔하면 반드시 보고하도록 의사와 간호사 모두에게 의무화시키고, 자주 발생하는 일에 대해서는 주의를 환기시키거나 안전 지침을 상황에 맞게 변경하는 등의 대책을 준비해야 한다.

상황 파악→원인 분석→대책의 순서로 대비하면 아주 작은 사고라 하더라도 큰 사고로 번질 가능성을 미연에 차단할 수 있다.

일반 기업이라면 사고를 실수로 바꿔 말해도 좋다. 하인리히 법칙은 어디에나 적용할 수 있다. 중대한 실수나 문제를 일으키지 않으려면 평소 자주 일어나는 자잘한 실수를 하나라도 줄이는 것이 중요하다.

타격이 큰 사고를 없애려면 작은 실수부터 줄여야 한다.

시간 관리

출퇴근 시간에 아웃풋하라

지금까지 아웃풋 기법에 대해 설명했다. 이쯤이면 많은 사람이 비슷한 문제에 직면한다. 바로 "아웃풋할 시간이 없다"라는 것이다. 일이 바쁘다, 퇴근이 늦다, 집에서는 집안일이나 육아를 해야 한다 등등….

바쁜 직장인에게 별도로 공부하거나 아웃풋하는 시간을 내기란 여간 힘든 일이 아니다. 미래의 나를 위해 시간을 관리하고 자기 성장할 수 있는 아웃풋 시간을 확보하기 위해서는 전략적으로 움직여야 한다.

일상에서 틈틈이 아웃풋하는 방법을 소개한다.

15분 만에 아웃풋하기

15분을 공부하는 경우와 60분을 공부하는 경우, 둘 중에 어느 쪽이 더 효과가 높을까? 많은 사람이 60분, 즉 시간을 오래 들여야 공부도 일도 잘될 거라고 생각한다. 하지만 완전한 착각이다.

중요한 것은 집중력이다. 공부든 일이든 60분간 질질 끌면서 하기보다 15분을 집중해서 하는 편이 훨씬 효과가 좋다.

제한 시간을 정하면 집중력이 높아진다. 꼭 15분이 아니어도 괜찮다. 짧은 시간이라도 제한 시간을 정해놓으면 공부와 일의 효율이 압도적으로 올라간다. 특히 스톱워치나 타이머를 사용하면 긴장감이 높아져서 집중이 더 잘 된다.

딱 15분만 집중해서 아웃풋을 해보자. 책을 읽고 난 후 감상을 쓸

아웃풋 시간을 확보하는 비법

15분 제한 시간을 두기

자투리 시간을 활용하기

이동 중에 틈틈이

스마트폰을
아웃풋 수단으로 활용하기

때 제한 시간을 두는 것이 될 수 있다. 아무리 바쁘더라도 하루에 15분이라면 충분히 시간을 낼 수 있으리라 생각한다.

자투리 시간을 활용하기

바쁜 직장인이 책상에 앉아 자기계발을 위한 공부 시간을 확보하기란 정말로 쉽지 않은 일이다. 퇴근해서 집에 돌아오면 지칠 대로 지쳐서 공부할 마음이 전혀 들지 않는다.

그런 바쁜 직장인들도 매일 공부 시간을 확보할 수 있는 유일한 방법이 있다. 바로, 자투리 시간을 활용하는 것이다. 자투리 시간이란 전철을 타고 이동하는 시간, 전철을 기다리는 시간, 점심시간에 식사를 하고 남은 시간, 약속 대기 시간 등을 말한다. 특히 전철, 버스, 자가용을 이용하는 통근 시간에 시간을 확보하기가 비교적 용이하다.

이러한 자투리 시간을 그냥 흘려보내지 않고 인풋과 아웃풋을 하는 데 잘 활용해야 한다.

스마트폰을 아웃풋 수단으로 활용하기

대부분의 사람이 SNS를 보거나 블로그 기사와 인터넷 뉴스를 읽는 등 스마트폰을 인풋 수단으로만 사용하고 있다. 오락거리를 보면서 시간을 그냥 흘려보내는 사람도 많을 것이다. 아웃풋이 동반되지 않는 인풋은 바로 기억에서 지워진다. 결과적으로 스마트폰을 마냥 쳐다보는 시간은 최고의 시간 낭비라고 할 수 있다.

스마트폰이 무조건 나쁘다는 뜻은 아니다. 다만 스마트폰을 인풋이 아니라 아웃풋의 수단으로 활용해야 한다. 언제 어디서나 입력할 수 있다는 것이 스마트폰의 장점이니까.

독서 감상, 영화 감상, 새롭게 알게 된 것을 단 세 줄로 정리하는 데는 5분이면 충분하다. 스마트폰을 잘만 활용하면 언제 어디서나 아웃풋을 할 수 있다.

결국, 아웃풋을 하는 데는 30분이나 1시간까지 시간을 길게 들일 필요가 없다. 일단 5분이라도 좋으니 시간을 내보자. 좀 더 여유를 가져서 15분이면 더욱 좋다.

통근이나 이동할 때 자투리 시간을 활용하면 하루 중 5~15분의 시간은 확보하기가 그리 어렵지 않다. 그 짧은 시간에 아웃풋하는 습관을 들여보자.

인풋을 줄이기

만약 그래도 아웃풋할 시간이 부족하다고 느낀다면 인풋 시간을 줄여보기를 추천한다.

한 달에 세 권을 읽는데 한 권도 아웃풋을 하지 않는 상태라고 해보자. 일이 너무 바빠서 아웃풋할 시간을 만들기가 도무지 어렵다면? 이럴 때는 한 달에 한 권을 읽어도 좋으니 그 한 권을 제대로 아

아웃풋 시간을 만드는 방법

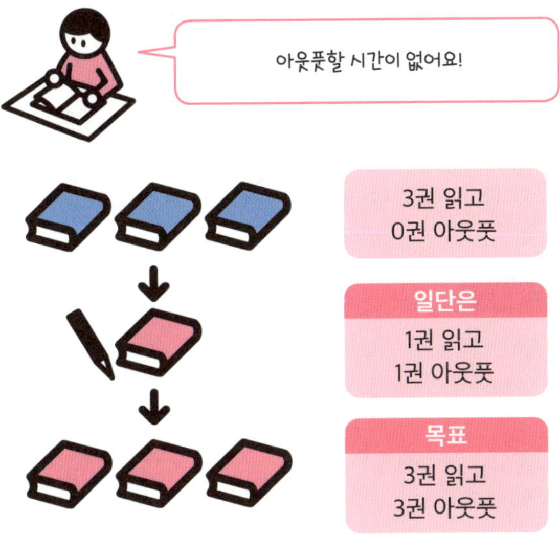

웃풋하는 패턴으로 바꿔보자.

이렇게 말하면 "인풋량을 줄이라고?"라면서 놀라는 사람이 있을지도 모른다. 인풋 중심의 공부를 해온 사람에게는 인풋량을 줄이라고 하면 더럭 겁부터 먹는다. 하지만 아무리 인풋을 많이 해도 아웃풋을 하지 않으면 그 기억은 오래가지 않는다. 즉 아웃풋 하지 않는 인풋은 아무런 의미가 없다.

'한 달에 세 권 인풋, 0권 아웃풋'과 '한 달에 한 권 인풋, 한 권 아웃풋'을 비교하면 당연히 후자가 성장에 압도적으로 효과적이고 시간도 절약할 수 있다.

가령 책을 한 권 읽는 데 2시간이 걸린다고 하자. 한 권 읽기를 포기하면 아웃풋 시간을 2시간 확보할 수 있다. 그리고 이 시간은 처음에 읽은 책을 아웃풋하기에 아주 충분한 시간이다. 그러니 책을 읽을 때 인풋량을 늘리기보다는 아웃풋량을 늘리는 것에 초점을 두어라. 읽으면 한 권을 철저히 아웃풋하고 그다음으로 넘어가자. 한

뇌과학적으로 이상적인 하루를 보내는 방법

아이디어 발상이 가장 잘 떠오르는 때!

오후 7~9시
- **창조적인 시간**
저녁을 겸해서 친구, 가족과 잡담을 나눈다. 또 오락이나 운동을 하면서 내일을 위한 활력을 기른다.

오후 9~11시
- **긴장을 풀고 마음 편히 보내는 시간**
잠자기 직전 2시간은 느긋하게 보낸다.

오후 11시~오전 6시
- **수면 시간**
최소 7시간 이상 확보한다.

오후 6~7시
- **퇴근 시간**
인풋&아웃풋 시간

오전 7~8시
- **출근 시간**
인풋&아웃풋 시간

오후 4~6시
- **마지막 집중 시간**
퇴근 시간을 정하고 단숨에 일을 해치운다.

오전 8~9시
- **아침 활동 시간**
회사 근처의 카페에서 최상의 아웃풋을 해낸다.

오후 2~3시
- **느긋한 시간**
식후에 졸음이 와서 집중력이 떨어진다. 급하지 않은 작업, 미팅 등으로 이겨낸다.

오후 12~1시
- **점심시간**
밖에 나가 점심을 먹으면서 기분을 전환한다.

오전 9~12시
- **뇌의 골든 타임**
이 시간대에 집중력이 필요한 일을 끝낸다.

아웃풋 실천 요령

- 아웃풋에 최적인 시간은 하루 3번, 출·퇴근 시간과 출근 전 카페에서 보내는 시간이다.
- 매일 같은 리듬으로 같은 일과를 보내면 뇌의 능력이 올라간다.
- 휴일에 평소처럼 일하면 더 피곤해진다.
그러니 주말에는 평일에 하지 않는 일을 해서 뇌를 활성화시켜라.

권을 제대로 마무리하고 나면 그다음 책을 펼쳐라.

목표는 한 달에 세 권을 읽고 세 권 아웃풋하는 사람이 되는 것이다. 숫자가 세 권은 적다고 느껴지는가? 그러나 현실에서는 직장인 중에 한 달에 세 권을 아웃풋할 수 있는 사람은 전체 20퍼센트도 안 된다.

한 달에 세 권을 읽고 세 권을 꾸준히 아웃풋하면 당신의 아웃풋 능력은 상당한 수준으로 오를 것이다. 1년 넘게 지속한다면 직장인 중 상위 20퍼센트에 들어갈 것이다.

POINT

자투리 시간과 스마트폰을 활용해 일상에서 아웃풋하라.

▸▸ 5장 ◂◂

일상 속에서 손쉽게 따라 하는 아웃풋 훈련

일기 쓰기

즐거웠던 일을 매일 써라

지금까지 아웃풋하는 방법을 상세히 설명했다. 하지만 대체 무엇을 어떻게 아웃풋해야 하는지 아직도 구체적인 이미지가 손에 잡히지 않은 사람도 많을 것이다. 그래서 이 책의 마지막 장에서는 일상생활 속에서 아웃풋하는 방법과 당신의 아웃풋 능력을 비약적으로 높이는 일곱 가지 훈련법을 알려주겠다.

아웃풋을 해보려고 글을 쓰려고 해도 대개의 경우 쓸 내용이 없거나 쓸 만한 소재를 찾기 힘든 문제에 직면한다.

초심자에게 추천하는 대표적인 아웃풋 훈련법으로 '일기 쓰기'가 있다. 도무지 쓸 게 없다고 생각하는 사람도 오늘 하루를 돌아보면 분명 어떤 일이든 떠오를 것이다.

일기를 쓰면 다섯 가지 이득을 얻을 수 있다.

글 쓰는 능력이 좋아진다

매일 일기를 쓰면 글 쓰는 능력이 좋아진다. 처음에는 막막해서 시간이 걸릴지 모르지만 점점 익숙해지면 글을 쓰는 속도가 비약적으로 빨라진다. 일기를 쓰는 것만으로도 당신의 글 쓰는 실력을 확실히 기를 수 있다.

정신력이 강해진다

하루를 돌아보고 오늘 일어난 일을 쓰는 것은 자신을 치유하고 회복하는 작업이다. 따라서 일기를 쓰면 자기 통찰력을 기를 수 있다.

일기 쓰기의 장점

스스로를 돌아보게 되어서 자기 성찰 능력도 향상되고 이 과정을 통해 자신의 성격이나 장단점을 객관적으로 파악할 수 있게 된다.

또 일기를 쓰면 회복탄력성Resilience, 즉 스트레스를 극복하는 능력이 좋아진다. 회복탄력성은 '마음의 탄력'이다. 높은 회복탄력성을 지닌 사람은 스트레스가 심한 환경에서도 스트레스를 잘 견뎌낼 수 있다. 정신 질환에도 잘 걸리지 않고 웬만해서 좌절하지 않는다.

일기 치료법은 정신의학 분야에서도 아주 효과가 높은 치료법으로 꼽힌다. 일기를 쓰면 정신력이 강해진다.

즐거움을 더 잘 발견할 수 있다

일기를 쓸 때는 기본적으로 좋았던 일이나 즐거웠던 일을 중심으로 쓰게 된다. 하루 중에서 특별히 기뻤던 경험을 떠올리는 작업을 매일 하면 자동적으로 긍정적인 사고를 훈련하고 일상 속에서 사소한 즐거움을 발견하는 능력이 좋아진다.

지속하기에 대해 설명하는 장에서 지속하기 위해서는 즐거움을 발견할 필요가 있다고 썼는데, 즐거움을 발견하는 한 가지 방법으로 일기 쓰기가 있다.

즐거움을 발견하는 능력이 향상될수록 도파민이 더 잘 분비된다. 그러면 일이나 공부를 꾸준히 할 힘을 얻고 집중력과 기억력이 좋아져서 성장 속도도 점점 빨라진다.

스트레스가 발산된다

오늘 있었던 일을 글로 쓰는 일은 그 자체로 우리의 생각과 감정을 표현하는 일이고 내면에 담아두었던 것을 발산하는 행위다. 고민을 털어놓을 상대가 없더라도 종이에 쓰기만 해도 스트레스가 경감된다는 사실이 이미 많은 심리 실험을 통해 밝혀졌다.

행복해진다

미국의 브리검영대학교는 심리학 연구의 일환으로 100명의 대상자를 그룹으로 나누어 4주간 일기를 쓰게 했다. 한쪽 그룹에는 그날 있었던 즐거운 일, 긍정적인 사건을 쓰라고 지시했고 다른 그룹에는 단순히 그날 있었던 일에 대해 쓰라고 지시했다. 그 결과, 긍정적인 내용을 쓴 그룹은 그날 있었던 일을 단순히 기록한 그룹에 비해 행복도와 생활 만족도가 훨씬 높았다. 게다가 피험자가 자신들이 쓴 긍정적인 일기 내용을 친구와 가족에게 들려줬더니 그들의 행복도와 생활 만족도도 2~3배나 향상되었다고 한다.

긍정적인 일기를 쓰면 행복해진다. 그리고 그 내용을 공유하면 행복은 배가 된다. 하루에 10분만 들여서 일기를 쓰면 쉽게 행복해질 수 있다.

일기 쓰기가 단순하고 뻔한 방법처럼 보여도 생각보다 매일 꾸준히 실천하는 사람은 얼마 되지 않는다. 글 쓰는 스킬이 향상될뿐더러 정신적으로 단단해지고 행복도가 올라가는 등 좋은 점만 가득하다. 반복되는 매일이 지루하고 즐겁지 않다고 느끼는 사람들은 꼭 일기 쓰기를 실천해보길 바란다.

| 일기 쓰기를 시작하는 구체적인 방법 |

나는 13년 동안 거의 매일 뉴스레터를 발행하고 있다. 즉 공개적으로 일기를 13년간 써왔다는 뜻인데, 이를 지속할 수 있었던 이유는 내 일기를 읽어주는 수만 명의 사람이 있었기 때문이다. 만약 나 혼자만 쓰고 읽었다면 일기를 13년간 꾸준히 쓰기란 거의 불가능했을 것이다. 내가 쓰는 방법을 소개한다.

긍정적인 내용을 쓰기

특히 긍정적인 내용을 담아 일기를 쓰는 것을 추천한다. 오늘 있었던 긍정적인 일, 즐거운 일, 기뻤던 일을 세 가지 정도 쓰면 된다. 처음에는 세 줄로 시작해서 익숙해지면 몇 줄을 더해 자세히 써내려 가자. 조항→단문→장문으로 서서히 단계를 올리면 좋다.

질과 양을 따지지 않고 매일 쓰기

처음부터 길게 쓰려고 하면 절대로 꾸준히 할 수 없다. 길게 쓰거나 멋진 문장을 쓰겠다고 괜히 양과 질을 따지지 말자. 무엇보다 매일 계속하는 것이 가장 중요하다. 단 몇 줄이라도 좋으니 매일 꾸준하게 쓰면 어느새 자연스럽게 긴 문장을 쓸 수 있게 되고, 글의 수준도 향상될 것이다.

제한 시간을 정해 쓰기

시간을 질질 끌면서 쓰는 대신 정해놓고 쓰기를 권한다. 5분이나 10분이면 충분하다. 단문이라면 5분, 좀 더 긴 내용이라면 10분이 적당할 것이다.

부정적인 관점을 긍정적으로 바꾸기

매일 같이 하루에 좋은 일이 세 번씩 일어나는 일은 어렵다고 말하는 사람이 있다. 아니면 스트레스를 발산하고 마음의 독소를 빼기 위해 부정적이거나 힘들고 괴로운 일 위주로 글을 쓰고 싶은 사람도 분명 있을 것이다. 이럴 때는 부정적인 관점을 긍정적인 관점으로 바꿔서 써보기를 시도해보자.

예를 들어보겠다.

● 부정적인 글쓰기

오늘 상사에게 눈물이 쏙 빠지게 혼났다. 서류 제출 기한이 지나서 1시간이나 늦어버렸다. 1시간 늦었다고 그렇게 불같이 화를 내다니. 아침에 말이라도 해줬으면 깜빡 잊어버리지 않았을 텐데. 기한이 지나고 나서야 확인하다니 진짜 못됐다!

● 긍정적인 글쓰기

오늘 상사에게 눈물이 쏙 빠지게 혼났다. 서류를 1시간이나 늦게 낸 탓이다. 수첩에 마감 기한을 써놓고 잊어버리고 말았다. 앞으로 마감 기한이 있는 일은 수첩에 정확히 기록해놓고 같은 실수는 두 번 다시 반복하지 말자!

부정적인 관점을 긍정적으로 바꾸는 연습을 꾸준히 하면 자기 통찰력, 성찰 능력, 회복탄력성이 높아지는 동시에 긍정적인 사고가 강화되어 더 즐겁게 살 수 있다.

비공개에서 공개로

처음에는 전용 노트와 일기장에 손으로 쓴다. 아니면 컴퓨터로 쓰는 것도 괜찮다.

일기 쓰기가 습관으로 자리 잡고 어느 정도 익숙해지면 자신의 SNS에서 일기를 공개하는 것도 고려해볼 수 있다. 공개적으로 일기를 쓰면 나의 일기를 다른 사람에게 보여주게 된다. 이를 의식하게 되면 더 잘 쓰고 싶어지고 결과적으로 문장력과 아웃풋 능력이 비약적으로 향상된다.

나는 오늘 있었던 긍정적인 일, 즐거웠던 일, 특별한 일, 감동적인 일, 읽은 책, 관람한 영화 감상 등을 전부 뉴스레터에 써서 공개하고 있다. 내 뉴스레터를 매일 읽는 독자는 6만 명 정도로, 꽤 반응이 커서 체험이나 감동을 공유하는 일이 몹시 즐겁다. 공개적으로 일기를 쓰면 혼자서 일기를 쓸 때보다 의욕이 6만 배쯤 높아진다.

일기 쓰기를 꾸준히 실천하는 사람은 정작 얼마 되지 않는다.

건강 일지

일기 쓰기가 어렵다면 건강 일지로 시작하라

일기를 쓰겠다고 결심해도 시간이 없다는 이유로 매일 꾸준히 하기 힘들어하는 사람이 많다. 이런 사람들을 위해 하루 1분이면 할 수 있는 간단한 아웃풋 훈련법을 소개한다. 바로 건강 상태를 기록하는 것이다. 실제로 나는 체중이나 그날의 기분, 수면 시간을 매일 아침 수첩에 기록한다.

체중을 기록하기

아침에 일어나 샤워를 하기 전에 체중을 측정하고 기록한다. 체중이 늘어났을 때는 '저녁 식사량을 조금 줄여야겠다'라고 생각하고, 체중이 줄어들었을 때는 '꾸준히 헬스장에 가서 운동한 보람이 있군. 오늘도 열심히 운동해야지!'라면서 의욕이 올라간다. 특히 체중 감량이 목표라면 매일 체중을 기록해보자.

그날의 기분을 기록하기

아침에 일어나서 눈을 뜨면 그 자리에서 바로 하루의 기분을 −5에서 +5까지 11단계로 평가한다. 보통이라면 0, 컨디션이 최고로 좋으면 +5, 최악이라면 −5가 된다. 그리고 어제 있었던 일을 회고하면서 오늘 기분이 좋은 이유와 나쁜 이유를 떠올리고 덧붙여 쓴다.

처음에는 이 작업이 어려울 수 있지만 꾸준히 기록하면 자신의 컨디션과 건강 상태를 아주 정확하게 파악할 수 있다. 대부분의 현대인은 하루하루 바쁜 일정을 소화하느라 정작 자신의 컨디션이 좋은

건강 기록 예시

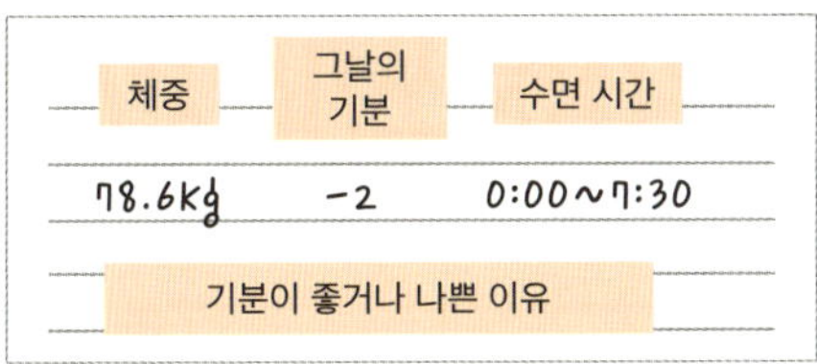

지 나쁜지 잘 알지 못한다. 감기 기운이 있는데 무리를 하면 몸 상태만 나빠진다. 스트레스가 쌓여서 컨디션이 안 좋은데 계속 몰아붙이기만 하면 정신 건강에 비상 신호가 울린다. 나는 지난 20년 동안 감기 때문에 일을 쉰 적이 단 한 번도 없다. 늘 건강 상태를 파악하고 서둘러 대응한 덕분이다.

수면 시간을 지키기

수면 시간은 정말로 중요하다. 수면 시간이 6시간이 채 안 되면 집중력과 업무 능력이 저하되고 병에 걸릴 위험이 대폭으로 증가한다. 수면 시간은 매일 7시간 이상 확보해야 한다. 수면 습관을 효과적으로 관리하기 위해서라도 수면 시간을 기록하는 습관을 들이자.

수면 시간과 그날의 기분을 대조해보면 적게 잘수록 기분이 안 좋다는 사실을 자연스레 알게 될 것이다.

놀랍게도 이 세 가지를 전부 기록하는 데는 1분도 걸리지 않는다. 매일 기록하면 자신의 현재 건강 상태가 좋은지 나쁜지 바로 알 수 있어서 심각한 병에 걸리기 전에 신속한 대응이 가능하다.

체중과 기분을 매일 기록해서 좋은 건강 상태를 유지하라.

독서 감상문

감상문 쓰기까지가 독서다

이 책은 모든 아웃풋 방법을 망라해서 체계적으로 전달하기 위해 집필되었다. 최근에는 '아웃풋'이라는 말이 빈번하게 쓰이고 있으나 수년 전까지는 아웃풋에 대해 다루는 책이 거의 존재하지 않았다. 자기 성장을 하고 싶은 사람들에게 가장 추천하는 아웃풋 훈련법으로 독서 감상문 쓰기가 있다.

독서에 관해 논하는 책은 다수 출판되었으나 대부분이 속독이나 다독을 권한다. 독서를 통해 아웃풋하는 것이 가장 중요하다고 말하는 사람은 없었다.

많은 사람이 책을 읽고도 내용을 기억하지 못하는 이유는 인풋만 하고 말기 때문이다. 아웃풋을 하지 않으면 기억에 남지 않는다. 하지만 독서에서 정말로 중요한 것은 아웃풋이다. 책을 읽고 아웃풋을 해야 장기 기억으로 보존되고 진정한 자기 성장을 할 수 있다.

학습과 관련해 아웃풋의 중요성을 이렇게까지 명확하게 제시한 책은 지금까지 존재하지 않았다. 이 사실을 일본에서 처음으로 언급한 책이 졸저 『외우지 않는 기억법』이다. 이처럼 획기적인 내용을 많이 담아낸 덕에 15만 부의 베스트셀러가 될 수 있었다. 이 책의 내용을 한마디로 정리하면 '책을 읽고 나서 감상문을 쓰자. 감상을 쓰면 기억에 잘 남고 책의 내용을 내 것으로 만들어 비약적으로 자기 성장을 할 수 있다'이다.

책이 출간되고 나서 SNS나 블로그 등에서 독서 감상문을 쓰는 사람의 수가 압도적으로 늘어났다. 매일 누군가가 쓴 독서 감상글이나

독서 감상문 형식

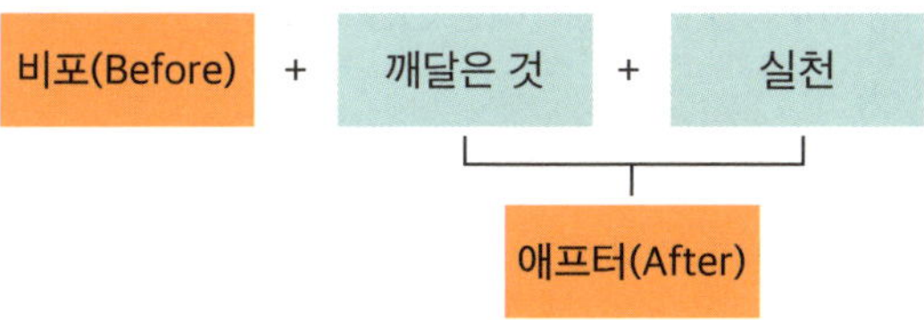

짧은 비평문이 타임라인에 등장한다.

또한 아마존 리뷰 수도 비약적으로 늘었다. 실제로 감상문을 이미 써왔던 사람이라면 책의 내용을 잘 잊어버리지 않는다는 사실을 실감할 것이다. 자기 성장을 하기 위해서라도 이 작업은 필수다.

독서 감상문을 써본 적이 없는 사람은 무엇을 쓸지 갈피를 잡지 못해서 시작을 못하는 경우가 많다. 그래서 이 장에서 독서 감상문을 쓴 적이 없는 초보자라도 10분이면 한 편의 글을 뚝딱 완성할 수 있는 템플릿을 소개하고자 한다. 이 템플릿을 참고해서 내용을 구성하면 누구나 단시간에 깔끔하게 정돈된 독서 감상문을 쓸 수 있다.

내가 늘 사용하는 독서 감상문 형식은 아주 단순하다.

비포Before+깨달은 것+실천, 이것뿐이다. 더 간단하게 말하자면 비포+애프터After라고 할 수 있다.

전반은 책을 읽기 전 내가 하고 있던 생각에 관해 쓴다. 어떤 문제나 고민을 안고 있었는지에 대해 쓰면 된다. 후반에는 책을 읽은 후 생각의 변화에 관해 쓴다. 책을 읽고 문제가 어떻게 해결되었는지 쓰는 것이다. 애프터는 깨달은 것과 실천으로 나뉜다. 배우고 성장하려면 이 두 가지가 필수다.

처음부터 장문을 쓰기는 어려우니 일단은 구성을 셋으로 나눠 정리한다. 책을 읽으면 비포, 깨달은 것, 실천을 한 줄씩 쓴다. 그리고 이를 바탕으로 살을 붙인다.

기본형

비포	이 책을 읽기 전의 나는 ○○ 했다.
깨달은 것	이 책을 읽고 나는 △△를 깨달았다.
실천	이제 ××를 하겠다.

3행 구성

비포	나는 평소에 긴장을 잘한다.
깨달은 것	적당히 긴장하면 집중력과 업무 능력이 높아진다.
실천	먼저 심호흡을 한다.

살 붙이기

비포	나는 지금까지 긴장을 잘하는 성격이었다. 왜 이렇게 긴장하냐며 스스로를 책망하거나 자기혐오에 빠지곤 했다. 어떻게 해야 긴장에 강해질 수 있을까?
깨달은 것	『좋은 긴장은 능력을 2배로 만든다』에서 적당히 긴장하면 "노르아드레날린이 분비되어 집중력도 업무 능력도 높아진다"라는 한 구절을 읽고 정신이 번쩍 들었다. 긴장은 적이 아니다, 실은 내 편이라는 새롭게 알게 되었다. 이것은 나에게 아주 큰 깨달음이었다. 잘 긴장하는 성격은 성공하기 위해 필수적인 조건이었다. 툭하면 긴장하는 나 자신을 책망한 것이 바보처럼 느껴졌다.
실천	이 책에는 심호흡하기, 자세 바로하기, 웃기 등 긴장감을 컨트롤하는 수많은 방법이 쓰여 있다. 일단 간단히 할 수 있는 심호흡부터 연습해서 과도한 긴장을 적당한 긴장으로 컨트롤하려고 한다. 이제 더 이상 긴장이 두렵지 않다.

다음 예시를 하나 더 살펴보자.

3행 구성

비포	나는 운동을 거의 하지 않았다.
깨달은 것	일주일에 2시간씩 유산소운동을 하면 뇌가 활성화된다.
실천	앞으로 헬스장에 가서 유산소운동을 하겠다.

살 붙이기

비포	나는 평소에 운동을 거의 하지 않았다. 일도 바쁘고 운동할 시간이 없어서 어쩔 수 없다고 생각했다.
깨달은 것	며칠 전에 읽은 『신의 시간술』에는 '일주일에 2시간씩 유산소운동을 하면 뇌가 활성화된다'라고 쓰여 있었다. 또 치매에 걸릴 위험이 3분의 1로 감소한다는 사실도 새롭게 알았다. 최근에 건망증이 심해져서 걱정이었는데 어쩌면 운동 부족과 관계가 있을지도 모른다.
실천	일주일에 2시간만 운동해도 효과가 있다니, 앞으로 일주일에 최소 두 번씩 헬스장에 나가서 유산소운동을 할 것이다.

처음부터 공들여 쓸 필요가 전혀 없다. 심플하게 써야 책의 내용이 머릿속에 더 잘 정리된다. 그러면 기억에도 잘 남고 자기 성장의 밑거름이 된다.

POINT

책을 읽고 감상문을 쓰면 확실하게 기억에 남는다.

정보 알리기

당신의 노하우를 아낌없이 공개하라

인터넷에 정보를 올리라고 권하면 '근거 없는 말로 모욕하거나 비웃고 조롱할까 봐 걱정된다', '부정적인 댓글을 보고 싶지 않다'라면서 미리 걱정하는 사람이 많다. 20년간 인터넷에 정보를 올린 나의 경험에 비추어 말하면 부정적인 댓글이 달리는 불쾌한 경험을 할 때도 있지만 그의 30배쯤 더 좋은 일, 즐거운 일이 많이 일어난다.

정보를 제공하는 장점과 단점의 비율은 20대 1 정도다. 장점이 헤아릴 수 없을 정도로 많아서 "하지 않겠다"라고 말하는 사람의 기분을 나는 좀처럼 이해하기가 힘들다. 그저 아직 해보지 않았기에 모르는 것뿐이라고 생각한다.

내가 직접 20년 동안 실천하면서 알게 된, 정보를 공개하면 얻을 수 있는 일곱 가지 장점을 소개한다.

피드백 효과가 높다

스포츠 선수가 성공할 수 있느냐 없느냐는 코치와 감독의 지도로 결정된다. 혼자서 아무리 애써봤자 잘못된 자세를 고쳐야 한다는 등 제대로 된 피드백을 받지 못하면 성장할 수 없다.

글을 쓰는 경우도 마찬가지다. 아무도 읽지 않는 글을 수십 편씩 혼자 써봤자 글솜씨는 늘지 않는다. 글을 공개해야 한다. 예컨대 인터넷에 글을 써야 반응을 얻을 수 있다.

글의 좋고 나쁨에 따라 조회수가 크게 달라지므로 좋은 글/나쁜 글, 독자가 선호하는 글/관심 없는 글의 차이를 매일 배울 수 있다.

필력과 아웃풋 능력이 향상된다

양질의 피드백을 받고 그것을 토대로 수정하면서 꾸준히 써내려 가면 글솜씨가 좋아진다. 그리고 아웃풋 능력이 비약적으로 성장한다. 인풋의 질과 양이 늘어나고 인풋, 아웃풋, 피드백의 사이클을 빠른 속도로 돌게 되므로 결과적으로 눈부시게 성장할 수 있다.

긴장감이 생긴다

인터넷에 글을 올리면 비판을 받을까 봐, 악플이 달릴까 봐 걱정하는 사람이 많다. 나는 20년 동안 40만 명의 팔로워를 대상으로 매일 정보를 올리고 있는데, 악성 댓글을 받은 적이 그리 많지 않다. 생각보다 악플은 그렇게 간단히 달리지 않는다.

물론 정보를 공개하는 데는 책임이 따른다. 오류나 오해를 부르는 표현은 피해야 한다. 그러나 그러한 긴장감 덕분에 더욱 조심해서 글을 쓰게 되므로 양질을 글을 쓰는 데 익숙해질 수 있다.

정보와 사람이 모인다

인터넷상에 정보를 올려서 아웃풋의 양과 질이 높아지면 인풋의 양과 질도 비약적으로 높아진다. 호의적인 독자들로부터 다양한 정보가 모이기 때문이다. 거기에는 내가 모르는 정보, 알지 못하는 정보가 포함되어 있으며 '다른 책에는 이렇게 쓰여 있다', '어떤 학자는 반대 의견을 말하고 있다'라는 정보도 얻을 수 있다.

결과적으로 나의 지식과 정보의 폭이 넓어지고 깊어지는 데다, 실수나 잘못 알고 있던 정보가 바로잡힌다. 책은 한번 출간되면 수정하기 어렵지만 사전에 인터넷에 정보를 올려서 검증을 받는다면 미리 그러한 실수를 방지할 수 있다. 무료로 감수를 받을 수 있다니, 참 고마운 일이 아닌가?

또 인터넷에 정보를 올리면 다양한 사람이 주변에 모인다. 모임에 초대받을 수도 있고 교우관계도 넓어진다.

사내 평가가 올라간다

직장인이라서 정보를 올려봤자 별 이득이 없다고 생각하는가? 완전한 착각이다. 내가 운영하고 있는 학원의 등록자들은 대부분 직장인인데 그들이 블로그를 열고 정보를 올리기 시작했더니 "사내에서 평가가 올라갔다"라는 이야기를 자주 들었다.

특히 업무와 관련된 정보를 올리면 상사와 동료 등 회사 사람들도 당신의 글을 읽는다. 결과적으로 공부를 열심히 하는 사람, 책을 많이 읽는 사람, 글을 잘 쓰는 사람, 해당 분야를 자세히 아는 사람이라는 평판이 사내에 널리 퍼지게 된다.

실제로 "○○에 대해 사내 워크숍에서 강연을 해주지 않겠습니까?"라고 의뢰를 받거나, 팀의 리더로 발탁되거나, 중요한 일을 맡게 되었다는 경험담도 자주 들려온다.

아무리 공부하고 책을 여러 권 읽어도 아웃풋을 하지 않으면 사람들에게 알릴 길이 없다. 정보를 공개해서 당신의 학습과 노력이 적절하게 평가를 받으면 결과적으로 기회의 폭이 넓어진다.

취재나 출연 의뢰가 들어온다

인터넷에 정보를 올려서 구독자 수가 어느 정도 늘어나면 신문이나 잡지에서 취재하고 싶다는 의뢰가 들어온다. 방송국에서 출연을 해달라거나 출판사로부터 책을 출판하자는 의뢰도 들어온다. 그 외 다양한 곳에서 같이 일을 해보자는 제안을 받을 수도 있다.

주로 많은 관계자들이 인터넷에서 정보를 모으기 때문에 검색엔진 상단에 표시되면 이러한 의뢰가 물밀듯이 들어온다. 당연히 그에 따른 부수입도 늘어난다.

즐겁다

인터넷에 정보를 올리라고 추천하는 가장 큰 이유는 다름 아닌 재미있기 때문이다. 매일 수만 명의 사람이 내가 올린 정보를 읽고 감

정보를 공개하면 달라지는 점

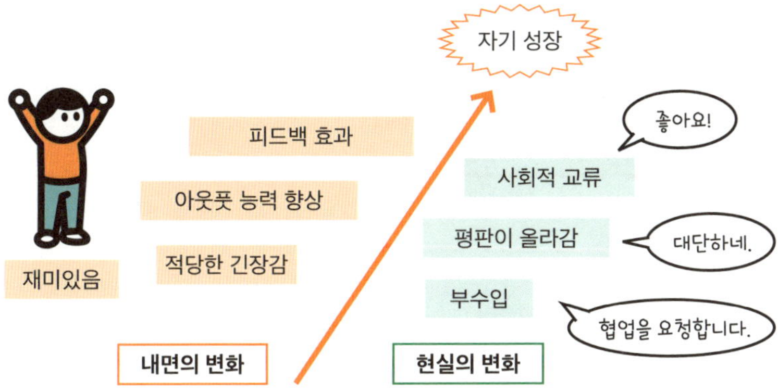

사 메일과 메시지를 보내준다. 덕분에 내 지식과 경험이 많은 사람에게 도움이 되고 있다는 사실을 실감한다. 이를 통해 인정 욕구와 자기실현 욕구를 채울 수 있고 정신적으로 더 큰 행복과 만족감을 느낀다.

또 유익한 정보를 사회에 공개함으로써 사회 공헌을 한다고도 말할 수 있다. 거창하지 않더라도 사회에 긍정적인 영향을 미치고 있다고 생각하면 하루하루 사는 게 즐겁다.

이렇게 인터넷에 정보를 올리면 단점보다 장점이 훨씬 많다.

인터넷에 정보를 공개하면
실보다 득이 훨씬 많다.

SNS 활용

SNS에 얼굴과 신상을 드러내라

SNS는 정보 공개보다는 교류의 목적이 강하지만, 블로그처럼 긴 글이 부담스러운 사람에게는 좋은 연습 상대가 되어줄 것이다. 가볍게 일기를 쓰듯이 시작해보자. 다음은 SNS에 정보를 올릴 때 주의할 점이다.

민감한 정보는 공개하지 않기

특별히 주의를 기울이지 않고 생일이나 사는 곳 등의 개인정보를 유출하는 사람이 많다. 어디까지 공개할지는 재량에 달렸지만 쓰지 않으면 유출될 일도 없으니 먼저 주의하도록 하자.

불특정 다수의 구독자를 고려하기

SNS에 올린 글은 확산되기가 쉽다. 그 가능성을 늘 의식하지 않으면 안 된다. 법이나 윤리적으로 문제가 되는 영상을 올렸다가 눈 깜짝하는 사이에 널리 퍼져서 악플이 달리고 방송에도 언급되는 사건이 종종 발생한다.

'내 SNS니까 무엇을 올리든 상관없어'가 아니라 '누가 읽어도 부끄럽지 않은 글을 올리자'라는 마음가짐으로 글을 올려야 한다.

실명과 얼굴을 드러내기

닉네임을 써서 자신의 신상을 드러내지 않고 큰 성공을 거두는 블로거도 있긴 하지만, 콘텐츠가 어지간히 재미있고 매력적이지 않으

SNS의 7가지 대원칙

제1원칙 SNS는 사회다.
제2원칙 SNS는 공명정대하다.
제3원칙 SNS 사용자의 목적은 정보 수집과 교류다.
제4원칙 SNS는 이름을 알리는 최고의 수단이다.
제5원칙 SNS에서 가장 중요한 감정은 공감이다.
제6원칙 SNS는 확산력이 강하다.
제7원칙 SNS에 글을 쓰는 목적은 신뢰를 얻기 위함이다.

면 인기를 얻기가 쉽지 않다. 자신을 숨기고 활동하는 것은 가상현실에서 게임을 하는 것과 같다. 그 세계에서는 즐거울지 몰라도 실질적 이득이 현실의 자신에게 돌아오지 않을 확률이 높다. 강연 의뢰, 텔레비전 출연 의뢰도 들어오지 않는다.

영 꺼림칙하다면 얼굴의 일부만 공개하는 등 대안을 찾아보자.

교류를 즐기기

소셜미디어의 가장 큰 목적은 교류다. 정보가 확산되면 반응도 더 크게 돌아오고, 이러한 교류가 활발해지면 즐겁고 재미있게 계속할 수 있다. 자연스럽게 아웃풋이 습관이 된다.

매일 올리기

교류라는 관점에서 생각한다면 SNS는 기본적으로 매일 업데이트해야 좋다. 일주일에 한 번꼴로 올리면 잘 기억도 나지 않고 친밀감도 생기지 않아서 SNS를 하는 의미가 없다.

SNS에 가벼운 교류를 즐기면서 정보를 올려라.

블로거 되기

가능한 한 파워 블로거가 되라

정보를 공유해서 아웃풋을 실천하고 싶은 사람에게 가장 추천하는 방법은 바로 블로그다. SNS는 엄밀히 말하면 정보 공유용이 아니다. 뉴스레터나 유튜브는 문턱이 높고 꾸준히 하기가 쉽지 않다.

하지만 블로그는 입문하기가 쉽고 가능성이 무한하다. 글만 쓸 수 있다면 누구나 할 수 있고 인기가 많아지면 수익이 생겨서 전업 블로거로 생활할 수도 있다.

블로그는 두 가지 큰 장점이 있다.

첫 번째는 공유하기 쉽다는 점이다. 초보 블로거라도 글의 내용만 좋으면 연쇄적으로 공유가 되어서 하나의 글에 수만 명의 조회수가 나오는 일이 가능하다. 내가 직접 실험한 바에 따르면, 페이스북과 블로그에 같은 글을 올렸을 때 공유되는 횟수가 블로그가 5배 이상이나 더 많았다. 정보 게시라는 목적을 생각한다면 블로그는 최적의 미디어라고 할 수 있다.

두 번째로는 구글 애널리틱스Google Analytics와 연동해서 조회수를 자세하게 해석할 수 있다는 점이다. 실시간 해석을 보면 지금 몇 명이 보고 있는지, 어떤 글이 더 반응이 좋은지를 분석해서 섬세한 피드백을 얻을 수 있다. 무엇보다 '이렇게 많은 사람이 내 블로그를 보러 온다'라는 사실을 눈으로 직접 확인할 수 있어서 의욕이 향상되고 동기부여가 된다.

| 성공하는 블로그의 3가지 비결 |

블로그를 시작한 이상, 인기 블로거가 된다거나 부수입을 올리고 싶은 사람도 분명 있을 것이다. 그런 사람들을 위해 블로그를 성공시키는 세 가지 비결을 알려주겠다.

독자 도메인은 필수

블로그를 시작할 때 "아메바블로그(일본의 블로그 서비스)는 안 됩니까?"라는 질문을 자주 받는데, 연예인으로 활동 중이거나 공식 계정으로 시작할 수 있는 특별한 경우가 아니라면 관두는 편이 좋다. 검색엔진에는 걸리지도 않고 스스로 광고를 걸 수도 없으며 비즈니스 목적으로 사용이 금지되는 등 제한이 너무 많기 때문이다. 블로그로 수익을 올리고 싶다면 독자 도메인을 구해서 워드프레스WordPress(웹사이트 제작 및 관리를 쉽게 하도록 도와주는 세계 최대의 오픈 소스 저작물 관리 시스템) 등으로 자신만의 블로그를 구축해야 한다.

매일 업데이트하기

블로그는 매일 업데이트가 기본이다. 인기 블로그로 만들려면 게시글이 어느 정도 쌓여야 한다. 일주일에 한 번꼴로 업데이트하면 아무리 시간이 지나도 글솜씨가 늘지 않고 글이 쌓이지 않아서 인기 블로그로 성장시키기가 아주 어렵다. 하루에 하나씩 꾸준히 쓰자. 그러면 문장력도 늘고 조회수도 꾸준히 늘어날 것이다.

100-300-1,000의 법칙

나는 약 20년간 다양한 인터넷 미디어를 운영하면서 조회수를 늘리는 법칙을 발견했다. 바로 '100-300-1,000의 법칙'이다. 100개, 300개, 1,000개를 기준으로 큰 변화가 생긴다.

글이 100개를 넘으면 매일 일정한 수의 독자들이 방문한다.

100-300-1,000의 법칙

글 100개	구독자가 생기고 매일 일정한 수의 독자가 찾아온다.
글 300개	검색엔진을 통해 들어오는 접속자가 늘어난다.
글 1,000개	좋은 블로그, 인기 블로그로 인정받고 연간 수만 조회수를 달성한다.

300개가 넘으면 검색엔진에 키워드 검색을 했을 때 앞 페이지에 표시될 확률이 높아져서 조회수가 비약적으로 늘어난다. 글이 1,000개가 넘으면 1페이지 안에 등장해서 월간 수만~10만 페이지 뷰가 넘는 접속자 수를 기대할 수 있다. 구글의 검색엔진의 구조를 예로 들면 양질의 글이 1,000개가 넘으면 좋은 블로그, 인기 블로그로 인정받아서 검색엔진 내의 평가가 몰라보게 높아진다.

블로그를 시작하면 최소한 글 100개는 올려야 의미가 있다. 그리고 인기 블로그로 만들고 싶다면 꾸준히 3년은 해야 한다. 하루에 글을 한 편씩 올리는 것을 3년 동안 하면 1,000개가 쌓인다. 3년이 터무니없이 길게 느껴질 수도 있지만 즐기면서 하다 보면 순식간에 지나가 있을 것이다.

일단 블로그를 시작하면 수익을 올리고 창업하고 싶은 생각이 들 수도 있다. 일반적으로 블로그 활동만으로 생계를 꾸리는 것은 거의 불가능하다고 여겨지지만, 내 친구나 지인들을 보면 절반 이상이 인터넷에 정보를 올려서 생계를 꾸리고 있다. 제대로 된 방법으로 수준 높은 콘텐츠를 꾸준히 올리면 반드시 어느 시점에서 인기를 끌게 된다.

돈이 핵심이었던 이전 사회에서는 자본가와 노동자 사이에 격차가 있었다. 그러나 정보가 통화인 오늘날의 디지털 정보사회에서는 정보 수신자가 되느냐 정보 발신자가 되느냐로 명암이 엇갈린다. 정

디지털 정보사회의 구조

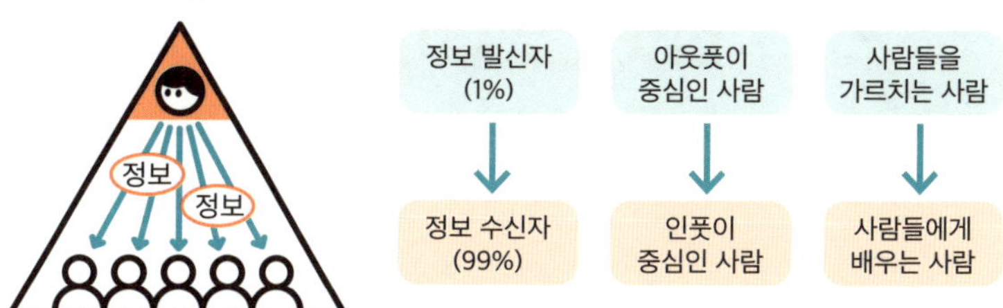

보란 받으면 받을수록 돈이 들지만 내보내면 내보낼수록 수익이 된다. 당신은 정보 수신자와 정보 발신자 중 어느 쪽이 되길 선택하겠는가?

본격적으로 인공지능의 시대에 돌입하면 누구나 할 수 있는 일, 검색하면 바로 알기 쉬운 지식만 가진 사람은 인공지능에 대체될 것이다. 앞으로 개성이 더더욱 중요해지고 마니악하고 오타쿠적인 지식과 경험이 귀해질 것이다. 이러한 시대이기에 정보를 올리는 일이 더욱 가치를 발할 것이라 확신한다.

부업으로 시작한 블로그가 본업이 되는 일은 충분히 실현 가능하다.

후기 남기기

글을 쓸 땐 마니아층을 타깃으로 하라

무엇을 써야 할지 모르겠다면 자신의 취미에 대해 써보는 것을 추천한다. 나의 경우에는 영화가 그렇다. 영화를 보면 반드시 영화 감상문이나 비평을 쓴다.

과정은 다음과 같다. 먼저 SNS에 영화를 본 직후의 생생한 감상을 써서 올린다. 그리고 며칠이 지나서 좀 더 냉정하게 볼 수 있게 되면 뉴스레터에 내용을 정리해서 비평을 쓰고 블로그에도 글을 올린다. 특히 영화 관람은 아주 대중적인 취미라 최근에 개봉해서 화제가 되는 작품에 관해 쓰면 더욱 주목을 모으기 쉽다. 매력적인 글을 쓰는 방법을 소개한다.

자신 있는 분야에 관해 쓰기

영화, 텔레비전, 애니메이션, 연극, 콘서트 또는 야구, 축구 등의 스포츠나 맛집 탐방, 게임, 아이돌 등 무엇이든 좋다. 누구나 하나쯤은 다른 사람보다 자신 있는 분야가 있을 것이다. 물론 세상은 넓고 나보다 잘 아는 사람이 얼마든지 있을 수는 있지만 전문가 수준이 아니더라도 충분히 다른 사람을 끌어당기는 매력적인 글을 쓸 수 있다.

나만 쓸 수 있는 글을 쓰기

마니악하고, 딥Deep하게, 진정한 팬심을 담아 깊이 파면 팔수록 반응은 크게 돌아돈다. 반면에 '무난하게 쓰면 더 많은 사람이 읽겠지'

라고 생각하고 쓰면 반응은 미미하다. 당신의 토막 지식을 동원해 마음껏 마니악한 기사를 써보자.

개인적인 감상이나 의견을 담아 쓰기

사람들이 공감하는 글은 당신이 영화를 봤다는 사실만 적힌 글이 아니라 '이 영화를 보고 ○○라고 생각했다'라는 느낌이 담긴 글이다. 감상이나 의견이 없으면 반응은 돌아오지 않는다. 게다가 새롭게 알게 된 정보를 더하면 '그런 깨달음을 주는 영화라면 나도 보러 가야지!'라는 생각이 들게 해 실제 행동에 변화가 일어나게 된다. 나 역시 "가바사와 씨가 소개한 영화를 보러 갔는데 정말로 좋았습니다. 고맙습니다!"라는 댓글이 달리면 뿌듯함을 느끼고 글을 쓸 원동력을 얻는다.

독자의 감정과 마음을 움직이기

독자의 감정을 움직이고 행동 변화를 이끌어내는 것이 좋은 글의 조건이다. 아무것도 느껴지지 않고 아무런 행동도 일으키지 않는 글이라면 시간 낭비라고 느끼기 십상이다. 그럴 바에는 차라리 읽지 않는 게 낫다.

아무리 개인적인 취미와 관심에 관해 쓰는 글이더라도 나 혼자만 알고 만족할 글이라면 굳이 공개적으로 올릴 필요가 없을 것이다. 자신이 쓴 글이 '독자에게 가치를 제공하고 있는가?'에 대해 생각하면서 글을 쓰면 한층 수준 높은 글을 쓸 수 있다. 그리고 재미있지 않으면 꾸준하게 할 수 없다. 아웃풋 습관을 들이기 위해서라도 시작하기 쉽고 지속 가능한 데다 몰입할 수 있는 취미에 관한 글을 써보자.

내가 관심 있는 주제로 글을 쓰면 독자도 반응한다.

나오며

일과 학업, 관계 스트레스에서 해방되길 바라며

인생을 더 좋게 만들려면 아웃풋이 중요하다. 이 책을 다 읽었다면 이렇게 말하는 이유를 쉽게 이해할 것이다.

내가 인풋과 아웃풋을 황금 비율인 3대 7으로 실현할 수 있게 된 것은 마흔 살을 넘기고부터였다. 그로부터 50권이 넘는 책을 쓰고 뉴스레터를 3,000회 이상 발행하고 동영상을 1,500개 이상 업데이트했다. 나보다 훨씬 빨리 아웃풋의 중요성을 깨달은 당신은 앞으로 10년 동안 비약적으로 성장하고 빛나는 아웃풋 인생을 살게 될 것이다.

이미 마흔을 넘겼다 하더라도 실망할 필요는 없다. 인풋과 아웃풋의 사이클을 도는 것은 최고의 뇌 훈련이다. 나이가 들어서도 매일 끊임없이 배우고 자기 성장하고 새로운 발견을 한다면 하루하루 즐거운 인생을 살 수 있다.

이 책의 응용 범위는 공부나 일에 국한되지 않는다. 인간은 기본적으로 말하기와 쓰기를 통해 교류하므로 그런 의미에서 아웃풋 기법은 최고의 커뮤니케이션 방법이기도 하다.

대표적으로 이 책에서 소개한 비언어적 커뮤니케이션, 부탁하기, 상담하기, 칭찬하기, 꾸짖기 등의 기법을 활용하면 당신의 인간관계는 비약적으로 개선될 것이다. 친한 친구가 늘어나고 파트너가 생기고 부부와 가족관계가 친밀해지는 이점을 얻을 수 있다.

당신이 아무리 대단한 사람이라도 아웃풋하지 않으면 주변 사람들에게 당신만의 매력과 진정한 능력을 알릴 수 없다. 아웃풋 기법을 직접 실천한다면 더 많은 사람들이 당신을 알아볼 것이다. 그러면 신뢰를 얻고 평판이 올라가 인생을 좀 더 즐겁고 쉽게 살 수 있다.

정신과 의사인 내가 아웃풋의 결정판이라고 할 수 있는 이 책을 쓴 이유가 무엇이라고 생각하는가? 단 한 명이라도 더 많은 사람이 일과 학업으로 인한 스트레스와 인간관계에서 발생하는 고민으로부터 해방되기를 바라기 때문이다. 아웃풋은 이 문제들을 해결하는 중요한 열쇠가 된다.

아웃풋이 습관이 되면 스트레스와 고민이 줄어든다. 그러면 정신질환과 신체 질환에 걸릴 확률도 줄어든다. 아웃풋하는 문화가 확산되어서 고통받는 사람이 한 명이라도 줄어드는 데 이 책이 도움이 된다면 의사로서 그보다 행복한 일은 없을 것이다.

정신과 의사 가바사와 시온

참고문헌

국내 출간된 책

- 가바사와 시온, 『신의 시간술』, 정지영 역, 리더스북, 2018.
- 가바사와 시온, 『야근은 하기 싫은데 일은 잘하고 싶다』, 이정미 역, 북클라우드, 2018.
- 가바사와 시온, 『외우지 않는 기억법』, 박성민 역, 라의눈, 2023.
- 다치바나 다카시, 『지식의 단련법』, 박성관 역, 청어람미디어, 2009.
- 모기 겐이치로, 『업무뇌』, 박재현 역, 브레인월드, 2010.
- 베네딕트 캐리, 『공부의 비밀』, 송정화 역, 문학동네, 2016.
- 숀 아처, 『행복의 특권』, 박세연 역, 청림출판, 2012.
- 스티븐 킹, 『유혹하는 글쓰기』(개정판), 김진준 역, 김영사, 2017.
- 앨런 피즈, 바버라 피즈, 『결국 해내는 사람들의 원칙』, 이재경 역, 반니, 2017.
- 에이브러햄 매슬로, 『매슬로의 동기이론』, 소슬기 역, 유엑스리뷰, 2018.
- 존 레이티, 에릭 헤이거먼, 『운동화 신은 뇌』, 이상헌 역, 북섬, 2009.
- 존 메디나, 『브레인 룰스』, 서영조 역, 프런티어, 2017.
- 폴 아담스, 『Grouped 세상을 연결하는 관계의 비밀』, 이지선 역, 에이콘출판, 2012.
- 프레드릭 회렌, 『스웨덴식 아이디어북』, 김재원 역, 펭귄카페, 2013.

국내 미출간된 책

- H. Heller, *Comparative Endocrinology*, Volume 1, Academic Press, 1963.
- 大渕憲一, 『謝罪の研究: 釈明の心理とはたらき』, 東北大学出版会, 2010.
- 水希, 『元銀座No.1ホステスの心理カウンセラーが教える 彼の心を動かす「話し方」』, 廣済堂出版, 2011.
- 心の謎を探る会, 『用を禁ズ! ワルの心理学 思いのままに人を操る法』, 河出書房新社, 2001.
- 原邦雄, 『やる気と笑顔の繁盛店の「ほめシート」』, ディスカヴァー·トゥエンティワン, 2013.
- 苧阪満里子, 『もの忘れの脳科学』, 講談社, 2015.
- 和田秀 樹, 『大学受験の神様が教える 記憶法大全』, ディスカヴァー·トゥエンティ ワン, 2014.
- 樺沢紫苑, 『「苦しい」が「楽しい」に変わる本』, あさ出版, 2011.
- 樺沢紫苑, 『いい緊張は能力を2倍にする』, 文響社, 2018.
- 樺沢紫苑, 『ソーシャルメディア文章術』, サンマーク出版, 2012.
- 樺沢紫苑, 『父親はどこへ消えたか』, 芸 みらい社, 2012.
- 樺沢紫苑, 『頑張らなければ、病気は治る』, あさ出版, 2016.

일하면서 바로 써먹는
아웃풋×성과 도감

1판 1쇄 발행 2026년 2월 6일
1판 2쇄 발행 2026년 2월 27일

지은이 가바사와 시온
옮긴이 전경아
발행인 박명곤 **CEO** 박지성 **CFO** 김영은
기획편집1팀 채대광, 백환희, 이상지, 김진호
기획편집2팀 박일귀, 이은빈, 강민형, 박고은
기획편집3팀 이승미, 김윤아, 이지은
디자인팀 구경표, 유채민, 윤신혜, 권지혜
마케팅팀 임우열, 김은지, 전상미, 이호, 최고은

펴낸곳 (주)현대지성
출판등록 제406-2014-000124호
전화 070-7791-2136 **팩스** 0303-3444-2136
주소 서울시 강서구 마곡중앙6로 40, 장흥빌딩 10층
홈페이지 www.hdjisung.com **이메일** support@hdjisung.com
제작처 영신사

현대지성 홈페이지

이 책을 만든 사람들
기획 박지성 **편집** 이지은 **디자인** 윤신혜